説教と神の言葉の神学

カール・バルト

加藤常昭・楠原博行❖訳

教文館

目次

キリスト教会の宣教の困窮と約束

はじめに

加藤常昭

以下は、カール・バルトのよく知られている、一九二二年に語られた講演「キリスト教会の宣教の困窮と約束」（Die Not und Verheißung der christlichen Verkündigung）の新しい翻訳である。

一昨年の二〇二二年のことである。私が長く関わってきた説教塾が、オンラインで読書会を始めた。そのひとつとして、私の著書『愛の手紙・説教——今改めて説教を問う』（教文館、二〇〇〇年）を読んだ。そのなかで、私は、このバルトの講演に言及し（たとえば八五ページ）、読者に、これはわれわれ神学を学ぶ者にとって必読の書であるが読んだことがあるかと尋ねた。そうすると、読んでいる仲間からは、読みたいと思うが読んでも分からないという返事であった。それで私が、それなら私が訳しましょうかと言い、この翻訳を始めたのである。私は、既存の翻訳を読んだことがなかったのである。この新しい翻訳を開始したのは、二〇二二年であるが、この講演がなされてからちょうど一〇〇年の記念の年であった。

底本は以下である。

Karl Barth, Das Wort Gottes und Theologie, Gesammelte Vorträge, Kaiser Verlag, 1924, S. 99-124.

なおチューリヒの Theologischer Verlag から刊行されている『全集』(Gesamtausgabe) の第三区分の Vorträge und kleinere Arbeiten 1922-1925 に、前掲書が収録され、丁寧に校訂され、脚注も付されて、一九九〇年に刊行された。もちろん、それも参照した。以下に『全集』と略記されているのが、それである。

本書には英訳が二回刊行されている。最初は一九五五年である。

The Word of God and the Word of Man, tr. by Douglas Horton, Zondervan, 1955.

訳書の題は原著とは異なっている。訳者は、一八九一年に生まれたアメリカ組合教会の指導者のひとりで、世界教会運動でも活躍した、アメリカでバルトに傾倒した最初の世代に属するかと思われる神学者のひとりダグラス・ホートン牧師である。ホートンは、その「まえがき」で、最初にこの書物に出会ったときの感激を述べ、バルトをシュライアマハー以来の「最大の宗教思想家」と呼び、バルトはヨーロッパのプロテスタンティズムを救ったのだと評価する。そのバルトのメッセージが、この論文集には詰まっている、と言う。英語圏にバルトを紹介する喜びを述べ、読者が、ここで、その力に触れ、思索する喜びと熱心を呼び覚まされるように願っている。

　ところが、興味深いことに、英訳はこれだけで終わらなかった。次の訳書が刊行されたのである。

The Word of God and Theology, tr. by Amy Marga, T&T Clark, 2011.

訳者のエイミー・マルガは、年齢は不詳であるが、女性である。プリンストン神学校で学位を得て、二〇〇六年にルター神学校の組織神学教授となっている。ルターとバルトとを併せて論じた著書があるなど、ルター派であるが、アメリカで徐々に広がったバルトの理解者のうちでも、若い世代に属すると言うことができるであろう。訳者としてかなり長い文章を書いている。この書物には、その後、膨大な著述を生んだバルト神学のすべてが語られており、研究も進んだ新しいバルト理解の立場から、ホートンの翻訳に満足しなかったのであろう。かなり自由に、いきいきと訳している。また関係文献を渉猟し、詳細な訳注を記している。以下の翻訳でも、それに助けられた訳注を書いている。「英訳による」としているときは、マルガ訳を意味している。

訳文は、ドイツ語原文の趣を忠実に伝えるような訳ではない。原文を解きほぐしている。原文は、細かく段落を作らず、一定の記号を使って八区分にしている。訳文では、その区分ごとに、数字を入れて区分を明確にした。さらに本文には訳者の判断で段落をつけている。原文にはハイフンが多用されているが、日本語文としては、必ずしも必要はないと判断して省略している。

『全集』も英訳も、脚注は綿密であり、参照された文献の数も多いが、日本の一般の読者には煩雑であり、本文の意味を理解しつつ通読するためには、そこまで詳細に検討する必要があると思わなかった。一歩進んでバルト研究を究めたい方は、ご自身で『全集』、英訳を検討されればよいと考える。そこで訳者の判断で最小限の訳注を付し、通読する助けとした。

原文のドイツ語は、特に若いバルト固有の凝った表現が用いられ、文章構造も時に複雑になり、単語の用い方にも癖がある。若いときのバルトの文章は表現主義であるとも言われる。それに独特のユーモアのセンスもある。いずれにせよ難解であることは確かである。今回は、あまり原文にこだわらず、原文を解きほぐして、日本語としてできるだけ読みやすくしたかったが、どこまで読みやすくなったか、確信はない。

訳者が車椅子に頼る高齢者であり、不自由であったので、文献を用いるのにも制限があった。そこで、東京神学大学の小泉健教授にずいぶん助けていただいた。特に記して感謝する。

ついでに記しておくが、この翻訳ができ上がった後で、説教塾でオンラインの読書会を開催、この原稿を皆で読んだ。参加者は毎回ほぼ一五名であった。最初は慣れないバルトの文章に違和感を覚えた者もあったが、慣れるに従い、皆おもしろがり、興奮さえ覚えるようになった。私は、今もなお、私ども説教者にとって必読の文章と考える。改めてこの講演が日本の教会で読まれるようになり、教会の立つべき原点に立ち戻ることができればと願う。この書物が読まれるべき必要は、むしろかつてよりもいや増していると確信する。一緒に読んでくれた説教塾塾生の仲間たちにも感謝している。

キリスト教会[1]の宣教の困窮と約束[2]

加藤常昭訳

（1）原語は christliche Verkündigung である。いくつかの訳語を用いることができる。しかし、この講演で問題としているのは、キリスト教会がする説教による宣教行為である。その意味で「キリスト教会の説教」とも訳すことができる。しかし、原文により即したものとして「キリスト教会の宣教」と訳すことにした。ただし、「キリスト宣教」（七一頁）、「キリストを宣べ伝える言葉」（八三頁）と訳した箇所がある。その方がコンテキストに合致すると読んだからである。

（2）原題は Not und Verheißung der christlichen Verkündigung である。Not を英訳で need と訳している。バルトの論述に従えば、「困窮」と訳すのが、日本語としては最も自然であろう。

一

本日、総地区長のヤコービ博士から、私がいただきましたお招きには、要求が含まれておりました(3)。それは、「私の神学を理解する」ための、ひとつの手引きをしていただきたいという求めであります。そのように真剣に「私の神学」を語るのを聴きたいという求めは、いつも、私を少々困惑させるものであります。それは、私が勤しんでおりますものが、良かれ悪しかれ、まさしく神学と呼ばれるものよりも、いささかでもましなものなのです、などと言いたいからではありません。神学に携わっているということを恥じるという子どもじみた病は、いささか克服してしまっているつもりであります。皆さまのうちの何人かは、おそらく、この病をよく知っておられ、しかも、すでに克服しておられると思います。

私は、もともと、自分の神学をどこに成り立たせたいのかと、自問せずにおれませんので、おそらくそうなさるのだろうと思います。いったい、その名に値するカテドラーレ（大聖堂）、あるいは砦はどこにあるかと問うのであります。そして、その理解のために、

（3）『全集』、英訳にはヤコービの書簡そのものも併載、紹介されている。ヤコービは、一八五〇年の生まれ、当時、すでに七〇歳を超えていた。何によって学位を得ていたか分からないがドイツ改革派教会の牧師であった。領邦教会そのものは、元プロイセンに属し、合同教会であった。ドイツのザクセン領邦教会の南西シュプレンゲルの総地区長であった。その地区の牧師会が、ザクセン州ケーゼンの近くの、元修道院のシュールフォルタという学校関係の施設で、一九二二年七月二四日から三日間、開催された。バルトは、そこに招かれて講演したのである。当時、バルトは、ゲッティンゲン大学の改革派神学担当の教授になったばかりであった。ヤコービは、ローマの信徒への手紙について、脚光を浴びた著書を書いたバルトの神学への手引きを願い、特に神への信仰を深め、神と世界の関わりを明らかにしてほしい、と頼んでいる。それに応えて、バルトは依頼を受諾し、すぐに、この講演の題を提示している。

何らかの基本的なことを手がかりに、皆さまを〈手引きする〉ことができるであろうかと問うのであります。

私はそのことにひどくうめかざるを得ないのです。しかし、皆さまには正直に白状せざるを得ないことがあります。それは、いずれにせよ、〈私の神学〉と呼ばざるを得ないものが、丁寧に見つめますと、結局は、あるただひとつの点において成り立つということであります。しかもそれは、ひとがひとつ最小限のこととしてまさしく神学と言えるものに対してまともに要求されるような立場というようなものではなく、[4] 一種の数学的点であります。その上に、われわれは立つことはできません。単純に言って視点であります。

まさしく神学でありますならば欠けてはならない、その他のものは、私においては、まだ始まったばかりの段階であります。しかも私に分かっておりませんのは、自分が、その段階を越えるだろうか、ということであります。そうです、私は、ただそこから抜け出すことを願うだけかもしれない、とも思うのであります。つまり私は、いい気になって、偉大な創造力ある天才たちが神学的プログラムを作り上げてしまったり、作り上げつつあるのに対し、それに匹敵するような、あるいは、それと同じように評判になることをやってやろうなどとだいそれたことは考えておりません。

皆さまが、神学論争に対する私の貢献、したがってまた、私が今日語りたいと思っているのは何であろうと考え、より良い保守的なものなのか、自由主義的なものか、リッチュル的なものか、あるいは宗教史学派神学のようなものとお考えになるかもしれません。しかし、そうではなくて、一種の欄外注のようなものかとお考えいただきたいと思います。つまりいわゆるグロッセ（Glosse, 注釈）でありまして、いろいろな神学のすべてに協調したり、協調しなかったりいたします。しかし、これは、私自身確信するところであります

（4）バルトが「立場」（Standpunkt）という考え方に対して『ローマ書』で否定的な考え方であることを強調したことは知られている。たとえば第三版の序言にこう書いている。「キリストの霊は、われわれがその上に身を置くことができるような立場などではない。われわれはそのような立場に立って、パウロであろうが、誰であろうが、教師のように批判するのである」（『全集』）。

が、これがそれ自身以上のものであろうとしますと、つまり他の神学と並ぶ新しい神学として場を占めようとすると、たちまち意味を失うものなのであります。その限り、トゥルンアイゼン、ゴーガルテン、そして私が、周知の言葉の意味で〈学派形成〉を目論んでいると言われるようになれば、やんぬるかな、であります[5]。

私の考えは、まさにこうであります。誰にいたしましても、自分の学派のなかに、また自分の親方である神学者のもとに留まるとすれば、その修正役を担うのであります。キェルケゴールの言い方を用いれば、ご馳走の味をさらによくする何かの味付けを付け加えるのです。自分はそのようなものだと受け入れればよいのだと思っております。いずれにいたしましても、欄外注と申しましても、そこには並々ならぬものが含まれております。〈私の神学〉と他のまともな神学に対する関係は、例えて言えば、兄弟団の教会と他のしっかり歩んでいる諸教派や諸教会共同体との関係のようなものであります[6]。いずれにいたしましても、新しい、固有のトゥロープス[7]を形成しようなどというものではありません。

さてしかし、ここですでに、私の第二の願いを申し上げなければなりません。私が、そのようにランクづけされることをお断りをするからといって、それを高慢だとか思い上がりだと考えていただきたくないのであります。そうです、私はよく承知しております。私どもが空中に立てないことを。そうではなくて、地上のどこかに立っているのであります。

（5）ちょうどこの頃、雑誌『時の間』の刊行の機運が高まっており、翌年から雑誌刊行が始まったのである。

（6）ヘルンフート派、その他、敬虔派（福音派）は、それぞれ独自の教会共同体を組織する。それらを兄弟団と呼ぶ。いずれにしても領邦教会内に留まり、領邦教会の礼拝をも重んじている。同時に、自分たちだけの牧師を迎え、独自の集会所を持っており、礼拝・諸集会を開催し、領邦教会に対する批判的姿勢を固持している。

（7）トゥロープス（tropus）とはラテン語。中世後期のカトリック教会においてグレゴリオ聖歌の整備と共に広まった、ミサ曲のキリエなどの定型の歌詞に平行または挿入して付加された補足説明的な歌詞を含む部分のことである。自分固有の神学を語り出すのではない、という比喩であろうと思う。

私は、この点では最初のひとでもなく、ただひとりでもありませんが、私には、一種の憧れの的が眼前に漂っております。左に、右に、中央に現存するもろもろの神学的可能性を貫いて、すべてを理解し、すべてを包括し、すべてを克服するような、一種の〈旅人の神学〉（theologia viatorum）とも言うべきものが彷彿としているのであります。今日、何らかの仕方で「もろもろの方向を超えて」立っていたいと願わないひとがいるでしょうか。

さらに私が承知していることがあります。それは、神々がそのひとを愛して、夭折させてしまったりしたら別でありますが[8]、本当に旅をしている神学者、あるいは自分はそのつもりでいる神学者の誰にしましても、カテドラーレとか砦ともまでいかなくても、せめて、旅をするロマの人びとの天幕ぐらいのものは、やはり建ててしまったということなしに、その人生をまっとうするようなひとは、ひとりもいないということであります。そうなりますと、彼にとって正しいか正しくないか、いずれにいたしましても、注釈に代わってテキストを、つまり、新しい神学書が書き表されたということになるのであります。キェルケゴールそのひとにとりましては、チェス盤上では、まったく思いもかけない奇手を打つこのひとにとりましては、言うまでもなくそれ以外の成果はありようがなかったのであります。そこで、〈私ども〉は、これでよしとしなければならないと思いますが、今、多くの人びとの目の見るところ、今起こっていることは、いささか驚くに値する、さらに進んだ神学が企てられるに至ったということにほかならないということであります。霊的空間を満たし、歴史的広がりを得ており、十分に問うに値し、古今のまことに堂々たる隣人である諸神学者と並び立つ神学であります。見たところ、いささか神秘主義的でもある新しいマルキオン主義とまでは言わなくても、新しい超自然主義であるかとお考えかもしれません。(9) そう見てしまうのを私どもは妨げることはできません。

ただ、ここに見えているものが何であるかを理解しようとすることが大切であるとすれば、私どもになし得ることは、ただひとつ、ここで確かめたいことですが、そのような、

(8) 古代ローマの歴史家プルタルコスの叙述の一節だそうである(『全集』、英訳)。

(9) すでに始まっていたバルト批判をしていた人びとのなかに、こういうレッテルを貼る人びとがいたのである。

学派形成、あるいは、体系を意図したり、準備したい、ということで、私どもがこんなことをしているのではなくて、まさしく、「キリスト教会の宣教の困窮と約束」ということからなのでありまして、私は、今日、これを主題として、皆さまにお話ししたいと思っているのであります。

いささか説明させていただいてよろしいでしょうか。本来の主題に関わる大切なことでありますか。私は、皆さまと同じ牧師でありまして、一二年間働いてまいりました。私の神学を持っております。もちろん自己流の神学ということではありません。私は、故郷において、意識するというよりも無意識に継承していた改革派的傾向の神学に、忘れがたい恩師ヴィルヘルム・ヘルマン〔マールブルク大学神学部、組織神学教授〕から学んだことを接ぎ木させていただいたのであります。そうです、この改革派的神学というのは、今日でも、職務上、私の立場としなければならないのでありますが、喜んで、自分の立場としております。(10)

このように、私には私なりの神学的思考習慣というのがありますが、それに依存するようなことではなくて、ありとあらゆる環境を通じまして、その後、ますます強く私が直面させられてきたことは、説教という牧師特有の問題であります。確実に皆さまの全員がよく知っておられることですが、一方に人間が生きるという問題があり、他方に聖書が語る内容があり、その間にあって、正しく対処しようと試みたのであります。人間に対しましては、牧師として、人間が生きるときに知る未曾有の矛盾のなかへ語り込むように、私は、まさしく牧師として語るべきでありましょう。しかし、それに劣らぬほどに未曾有である聖書のメッセージをも語るべきであります。聖書は生きることが含む矛盾に対しまして、新しい謎として対立するのであります。

このふたつの偉大なもの、生きることと聖書とは、十分にしばしば（そしてもっとしばしば）、スキュラとカリュブディスのような怪物のように現れてまいります[11]。キリスト教

（10）言うまでもないが、この時、バルトは、ゲッティンゲン大学で、改革派神学の講義を担当していたのである。

（11）いずれもギリシア神話に登場する怪物である。ホメーロスの『オデュッセイア』で

会の宣教は、どこから来て、どこへ行くのか。そこで、いったい誰が牧師であり得るのか、説教し得るのか。私は確信しておりますが、皆さん、すべての方が、この状況を知り、この苦悩を知っておられると思います。皆さまの多くは、おそらく黙ったまま、私よりも、もっとずっと深く、強く、いきいきと知っておられるのであります。したがって私には皆さまに、本日、本質的なことを何も申し上げる必要はありません。すでに私の神学のなかに導き入れられておられます。皆さまが沈黙しておられる間に、私は語ってまいりました。沈黙には時があり、語るにも時があります。私は、語ることを選ぶという可能性の価値を過大評価するつもりはありません。私自身は、黙っていたかったという願いをすでに抱いているのであります。

さてしかし、事情はこうでありました。よく知られた牧師の状況であります。土曜日には、机に向かい、日曜日に説教卓に立ちます。私の場合、そこに凝縮されて現れるのが、すべての神学の欄外注を書くという、あの状況であります。それが、遂には、あのローマの信徒への手紙の大きな注解書となったのであります。私の友人たちにも、似たようなことが起こっておりました。いわば、あの状況からの脱出の道が見つかったかのようなことが起こったわけではありません。まさにそのようなことではなかったのであります。しかし、私にとりましては、まさにこの状況そのものが、すべての神学の本質を解明するものとなったのであります。神学とは、牧師の、このような出口のない状況と問いとを表現するものであり、それ以外の何ものでもあり得ないのではないでありましょうか。人間がこの課題に自分で進んで取り組むならば、人間が、そこで入り込んでしまう窮迫状況をでき

はスキュラは三列に並んだ歯を持つ六つの頭と一二本の足が生えた姿と書かれているが、別の神話では上半身は美しい女性で、下半身からは足の代わりに幾つかの犬の体が生えた姿をしているとされる。カリュブディスは、もともとポセイドンの娘であったが、並外れて大食だったためにヘラクレスが連れていた牛を盗んで食べてしまい、罰を受けて怪物の姿になり、メッシーナ海峡で船乗りを襲うようになった。日に三回食事をするために海水ごとあらゆるものを吸い込み吐き出していた。彼女の周りには渦が巻き、船がそこに取り込まれると抜け出せないため非常に恐れられた。つまり渦潮の主であった。この海峡にはスキュラも住んでおり、難所であった。

るだけ真実に描写するのが神学であります。つまり、困窮のなかから、救出を待つ大いなる望みを抱いて叫ぶ叫びなのであります。

神学には文化的課題というのがあります。またこういう課題も持っております。つまり教育という課題であります。これらの課題を果たすために、他のこともすることができます。私どものところでは、こういう言い方もするのでありますが、「牧師を学問する」べく決心をした、将来をまったく予感していないとも言えるし、予感に満ちているとも言える若者たちを、教育するのであります。神学の伝統に従い、歴史、組織、実践の諸素材を学びながら、このような、最も深く内面的な、最も真実の本質を、繰り返して何度も意識する他に、何をなし得るでありましょうか。言い換えれば、若者たちが備えようとしておりますこの職業にとりまして、このこと以上に、その特質を示すものがありますでしょうか。

さて、しかし、神学の学びを進めておりますときに、これは、このような状況に自分を引き入れてしまう、このような務めに備えているということなのだということに、ほとんど気づかないというようなことに、どうしてなるのでありましょうか。どうしても私は、ただひとつ問わざるを得ませんでした。私が知っていた神学におきましては、牧師が現に存在するということで、すでにつけざるを得ない疑問符、感嘆符が、いわば、何の役割をも果たしておりませんでした。どうしてそういうことになったのでありましょうか。その結果、私が牧師になりました時、まるで武装した男に襲われたかのように、真理に襲われたのであります。

いったい、私の問いは、本当に、私だけの問いにすぎなかったのでありましょうか。どうして、言ってみれば、他の人びとは脱出の道をわきまえており、私だけが見つけていなかったということになるのでありましょうか。私は、人びとが道を出て行くのを見ておりました。しかし、私が、これこそ脱出する道だと認めることができる道ではありませんでした。そうなりますと、私がよく知っているさまざまな神学は、ただそれに触っただけで、あの状況を、これには耐えられる、これは克服可能であると言い表そうとしたのでありましょうか。そうではなくて、この状況をしっかり把握するべきでありました。しっかりと見据えるべきでありました。そして、おそらく発見すべきであったのであります。神学にとって最も固有の対象が、まさに、この状況におきまして、その完全に耐え難いこと、完全な意味で克服しがたいことを明らかにしつつ、自己を宣言するものであることを発見するべきであることを。私は、さらに私自身に問い続けております。まさにここから、すべての神学が、何とすばらしい光を享受することになるであろうか、と。神学は、結局のところ、キリスト教会の宣教者たちが、困窮に満ち、約束に満ちていることを知ること以外の何ものでもないことを欲するのでありまして、それは、神学にとりましても、それ自身の救いにとりましても、ますますよいことではないでありましょうか。これ以上のすべてのことは、このような知識の結果として生じるのではないでありましょうか。

もう一度、問います。これは、私に偶然与えられた私だけの問いなのでありましょうか。この問いに迫られて、私は、あのローマの信徒への手紙の研究にとりかかったのであります。それも、最初は、私というものを、私自身に、よく分からせるための試みにすぎないはずでありました。あの書物のなかには、もちろん、一見したところ、まったくそれとは関係のないものが詰まっております。新約聖書神学、教義学、倫理学、哲学などであります。しかし、皆さまが、この書物を最もよく理解なさるのは、そのすべてから、何度も繰り返しまして、牧師の声を聴き取られたときであります。この牧師は、問うているのであります。説教するとはどういうことであるか、と。説教するということをどのように作り上げるのか、ということではありません。そうではなくて、どうして説教するということができるのか、ということであります。

そのなかに含まれております、もうひとつのこと、それはすでに、光そのものであるというのではありませんが、それを映すものではあるのであります。私は、それを指し示されている私自身を見ました。そして自分でも、それを指し示したいと願っているのであります。そのようにして〈私の神学〉なるものに到達したのであります。差しあたり〈訂正の神学〉と言っておきますが、これで少し道を広げることになりましょう。私がこれらすべてを語りますのは、皆さまに私の自伝的なことをお話しして、厄介をかけるためではありません。そうではなくて、皆さまに、このことをお示ししたかったのであります。私の意図は、少なくとも、何よりも、ひとつの新しい神学などではなくて、いわば、外から神学に注がれる照明、しかも、皆さまが神学者というのではなくて、少なくとも端的に牧師として立っておられるところから射してくる照明の光であります。

私にはこう思われます。本日、私どもは、お互いを理解し合う以外にありようがありま

せん。そのためには、皆さまが、このただひとつのことを、私から聴き取ってくだされば
よいのであります。まず皆さまが、ユーモアをお持ちですなら、いくつかの偶然的な事柄
は、友情をもって無視してくださいまして、私が、新しい、驚くべき神学を携えて乗り込
んで来たのではなく、そうではなくて、皆さまの神学がどのようなものであろうと、単純
に、牧師としての皆さまの状況をよく理解し、それに参与しようと、皆さまの傍らに立ち
たいと思っているのであります。それゆえに、正しく理解していただきたいのであります
が、私は教授として皆さまに語るよりも、むしろ、牧師として語るのであります。事柄の
状況から申しますと、それは、私に委ねられました使命を、意味深く叙述することなので
あります。

私にただひとつの視点だけではなくて、立場もあるといたしますと、それは単純に、説
教壇に立つ男の、よく知られた立場であります。このひとの前には、秘義に満ちた聖書が
あり、また多かれ少なかれ、多数の聴き手の、秘義に満ちた頭脳が並んでいるのでありま
す。ところで、秘義に満ちているというのは、どういうことでありましょうか。いずれに
いたしましても、はて、それは何でありましょうか。もし私が、この、それは何か、とい

うことを、その内容のすべてを尽くして、皆さまにはっきり思い出していただくことに成功するとすれば、いずれにせよ、皆さまの立場でもある私の立場だけではなく、私の視点にも賛同していただくことになりましょう。皆さまが、私の神学をどのように思われるといたしましても。

二

日曜日の朝、鐘が鳴り響きます。教会員たちと牧師とを、招き寄せるためであります。そのとき、明らかに、そこにしっかりと存立しているのは期待であります。偉大で、意義に満ちた、まさに決定的な出来事への期待であります。いわば、この出来事に参与した人びとのなかに、この期待が、どれほど強く生きていることか。およそそこで、人びとが、この希望を意識して抱いている人びとであるかどうか、それはまったく問題ではありません。状況全体のなかに、この期待がしっかり存在し、そこに横たわっているのであります。

そこには、とても古い制度機構（Institution, 教会のこと）があります[12]。とても外から攻撃することは困難であります。内部から汚すことも困難であります。荒廃することのない生命力、あるいは、私どもに言わせれば存在力もあるのであります。歩行力もあり、同時に耐える力もあります。古風ですが、通例は、モダーンでもあるのであります（何がモダーンかは、そのときによりますが）。もっとも、それ自身は、いずれの言葉でも、そう呼ばれることを望みません。非常に厳しく、知的に、政治的に、社会的に、宗教的にさえ震撼させられたのでありますが、今や、勝利に満ちて成長してきているのであります。そして、将来においても、このままであってはならないとするべきではないのではありませんか。

このような制度機構が存在する根拠はひとつの要求にあります。しかし、この要求は、あのもろもろの事実とは、グロテスクなほどに矛盾しているように見えます。しかも、この要求を正当化し、可能とするものを、あえていささかでも大声で、はっきりと、余すところなく否定するひとはまことにわずかなのであります。世が注目すべき人びとの否定的発言があったとしても、まことにわずかなのであります。

ここにひとつの建物が建っております。この建物を飾っております、さまざまな象徴、絵画、什器は別としましても、古今の建築様式によって建てられておりますが、その建築

(12) この講演がなされた頃のドイツの教会は、敗戦国の教会ではあったが、歴史的には最も豊かな繁栄期を迎えていた。もともと、領邦教会制度（Landeskirchentum）と呼ばれ、領邦（州）ごとに教会は自立していた。しかし、政治権力とは切り離されず、政治的権力からの干渉、束縛を不可避としていた。しかし、第一次世界大戦の敗戦によって帝政から共和政へと変わり、政治的権力から教会は自由となった。しかし、ほとんどの国民は教会員として籍を置き、教会税を納め、教会は豊かであった。不動産にも恵まれていた。その教会政治に関わる人びとは教会官僚と呼ばれ、羨望の的になる職業であった。教会官僚という名も生まれていた。このような教会の状況は第二次大戦後も保持された。しかし、今は教会から脱会する人びとの数も増え、様相は大きく変わってきている。ドイツ国家は、もはやキリスト者の国家とは言えない、という声まで聞かれるようになっている。

様式が語ってくれておりますのは、この建築が、異常な事物を見せる展示場として考えられたものである、ということであります。そこには、人間がおります。ほんの二、三人であります。この辺りでは、それが通例とされております。しかし、さらに二、三〇〇人のひとたちが、不思議な本能か、自分たちの意志に駆られまして、この建物のなかに流れ込んできております。そこで、この人びとは、何を求めているのでありましょうか。昔からの習慣を満足させるためでしょうか。そうです、そうかもしれません。しかし、そのような習慣は、どこから来るのでありましょうか。互いに語り合い、また教えを受けております。いずれにいたしましても、まことに不思議な語り合いであり、不思議な教えの享受であります！　信仰を養う建徳[13]のためでしょうか。そうです、そのようにひとは言うのです。しかし、建徳とは何でありましょうか。この人びとは、それをいささかでもわきまえているのでありましょうか。つまり、なぜ自分たちが、ここにいるかをわきまえているのでありましょうか。

もしそれが、年老いた、愛すべき母親であるならば、そのひとがそこにいるというだけで、すでにひとつの出来事を指し示しております。人びとは、この出来事を待っております。あるいは、やはり待っているようには見えるのであります。たとえ、すべてが死んでしまった、死に絶えてしまったと言われましても、かつては、この出来事が期待されていたのであります。

そして、そこにひとりの男がおります。今起ころうとしているであろうと思われる出来事への期待は、ひとえに、この男に懸かっているのであります。このひとの責任であると思われます。この男が、この出来事に関わる技術を心得、会得していると言われるからだ

(13) 「信仰を養う建徳」と訳した言語は die Erbauung である。「建物を建てる」という言葉であり、ギリシア語では「オイコドメー」である。パウロが愛用した言葉である。これを日本語で「徳を建てる」と訳したのである。新共同訳では、ひとや教会を「造り上げる」と訳されている。コリントの信徒への手紙一第一四章三節その他である。ひとりのひとの信仰を造り上げ、そのようにして、教会という信仰の共同体を造り上げるのである。

けではありません。社会から報酬を受け、ここに任命を受け、つまり、反論もせず、この機能を果たしているだけというだけでもないのであります。この機能は、明らかに、この出来事のためのものでありましょう。

いいえ、ここには単なる機械的作用が働いているだけではありません。そこには自由も働いております。この男は自分自身でこの職業を手に入れているのであります。どんな理解が生じ、誤解が生じているか、神がご存じであります。しかし、とにかく、この男が、自分の短い、ただひとつの生涯を、まったくただ、この出来事の期待と結びつけてしまったのであります。

そして、この男が、教会員の前で、教会員に代わって祈りをするでありましょう。よく理解していただきたい。祈るのであります。神に向かって！

聖書を開きます。聖書のなかから、無限の射程を持つ言葉を朗読いたします。すべて神に関わる言葉であります。それから彼は説教壇に昇ります。何たる大胆な行為でありましょう！　説教するのであります。聖書から読み出されたものに、自分の頭脳とハートから、いささかのものを付け加えるのであります。〈聖書的〉思想であります。あるひとは、最善の知識と最善の良心をもって、大胆に聖書のページをめくって得た思想を語り、あるひとは、いい加減に聖書をめくり思想を得ます。そうです、昨日には、〈保守的な〉説教を準備したひともあり、〈自由主義的な〉説教を準備したひともあります。だが説教が語る内容を考えますと、語り損ねることが、まことに多いのではないでありましょうか。ここではおそらく、いずれの場合でありましても、否応なしに、神について語るべきでありましょう。

それから、この男は、会衆に歌を歌わせます。古風な歌であります。恐るべき思想内容がいっぱい詰まっております。ずいぶん昔に眠りにつきました父祖たちの苦痛、戦い、勝利を証言する思い出、死の香りがする証言であります。すべて、ひとつの測定不能の出来事の淵まで導いてくれます。牧師も教会員も、自分たちが歌ったり歌わなかったりするのが何であるのか、理解しているのかどうか分かりません。しかし、神の回想に満ちております。繰り返し、神を思うのであります。「神は臨在される！」と歌います。[14] 神は臨在されるのであります。この状況全体が証言しております。叫んでおります。明らかに、神はおられる、と。しかも、牧師が見、また教会員から見ますと、この状況が、疑わしいものであり、悩みの種になり、慰めなきものであったとしても、そのことに変わりはありません。状況が満たされております時にまさって、そうであります。つまり、人間的に申しまして、うまく成功しておりまして、状況の問題が半分くらいは完全に覆われてしまっている時よりも、しっかりと神のご臨在を証言しているのであります。

三

さてしかし、状況とは、何を意味するのでありましょうか。あの期待が指し示している出来事とは、いったいいかなる出来事でありましょうか。期待は、しかし、その出来事のなかに、自分を反映させているのであります。この関連において、「神が臨在される」とは、何を意味するのでありましょうか。私どもが、花咲く桜、ベートーヴェンの第九番の交響曲、国家、あるいは、私どもの、あるいは他の人びとの尊い日常の仕事に、同じ語り方を適用することを許されるだろうとするのも、同じようなことなのではありませんか。そうでなければ、これらは余計なことをしていることになるのではないでしょうか。

まさしくこの状況に備わる特殊なるものが、ある特別な、ひとつのこと、特殊であり、より大胆な思いで語られる「神は臨在される！」ということを、なぜ目標にしていない、ということがあるでありましょうか。こうなのではないでしょうか。この状況のなかへ、人間が身を置こうとしますならば、つまり教会堂に入ろうとしますならば、そこで人びとは、知ろうと知らなかろうと、桜、交響曲、国歌、日常作業、その他もろもろのものを、

(14)『全集』の注によれば、讃美歌詩人テルシュティーゲン（Tersteegen）の、今も歌われる「神は臨在される」という讃美歌（一七二九年）を思い起こしていると考えられる。

何らかの仕方で消耗し尽くした可能性として、背後に置いてきているのであります。答えは、こうであります。神は臨在される。このことは、これらのすべての可能性のなかに、疑いもなく、与えられていることであります。これらの事物の真理内容であります。だが、生きることの意味を語るその証言は、またもや疑わしいものとなりました。現実存在の大きな謎であります。私どもを取り囲む自然の、理由が分からない無言であります。個々の、時間のなかに存在するすべてのものの偶然性であり、闇であります。諸民族と個々人の苦悩であり、運命であります。根元悪、死です。これらは何度もやってきます。そして語ります。私どもに、神が臨在されることを確かなこととしてくれるすべての声よりも大きな声で語ります。

　問いはもはや抑えつけることはできません。ますます燃えるように熱くなってきております。いったい、それは本当のことなのでしょうか。散らされている者たちがひとつにされるとの予感は本当なのでありましょうか。諸現象の流れのなかに、静かに存在する極があるとの予感は本当なのでありましょうか。もろもろの星の背後のどこかに義があるとの予感は本当なのでありましょうか。そうではなくて、今や、一挙にして私どものいのちとなっている、あの出来事のなかでは、地上を覆う天の予感は本当なのでありましょうか。そうです、地上を覆うのであります。しかし地上を覆うと言うのでありましょうか。しかしながらひとりの神の恵みと憐れみについて語る言葉は本当なのでありましょうか。この神はあの親しみやすい偶像よりも偉大な方であります。偶像よりも偉大であろうと思われる神です。この偶像の由来は簡単に見通すことができるものであります。しかし、この偶像の支配はそれほど長いものではないでありましょう。それは本当なのでありましょうか。人間は欲しているのであります。聴きたい、認識したい、知りたいと。そしてそれゆえに人間が自分が何をしているのか知らないままに手を伸ばして捉えようとしております。今まで聞いたこともない祈るという可能性を、聖書を開き、神について語り、それを聴き、そして歌おうという可能性であります。だから人間は私どものところにやって来て、日曜日の朝というグロテスクな状況のすべてのなかへ身を委ねるのでありましょうか。この状況こそ、先ほど語った可能性の潜在的な表現であります。よくお分かりになったでありましょうか。人びとが聴き、認識し、知りたいと思っているのは、単なる主張、見解披露というような言葉だけを聴きたいのではありません。しかも、その人びとがまさに内的であり、霊感を受けていればなおさらであります。人びとが聴き、認識し、知りたいと思っているのは、それは本当ですか、ということなのであります。つまり、他のいかなることでもないのであります。それは、ちょうど猫が、熱いお粥の周りでうろうろしているようなものであります。

このような人間の欲求が聞かれるのは稀であるとか、それほどの切実な願いに出会うのはほとんどないなどということで、私どもが間違いを犯さないようにいたしましょう。このようなことを人間が単純に叫び出すことは、もちろん、ないことなのであります。私ども牧師たちの耳に囁いてくれることもないのであります。しかし、人びとが沈黙しているからといって、錯覚を抱かないようにいたしましょう。

血と涙、最も深い絶望と最高の希望、あのこと、いいえ、あの方を捉えたいという情熱的な願いであります。世界の創造者であり、救済者であられるがゆえに、世界を克服される方であります。初めであり、終わりであり、世界の主であられる方を捉えたいのであります。自分にみ言葉を語り聴かせてほしい、という情熱的な願いであります。審きにおいて恵みを約束してくださるみ言葉であります。死におけるいのち、此岸における彼岸、すなわち神の言葉であります。

つまり、これが、私どもの教会に通ってきてくれる方たちの背後にあるものであります。人びとが望んでおりますものは、いわゆる現実におきましては、まだ眠っているかもしれません。まだ市民的で、まだごく通常のこととして現れているかもしれません。現実にお勧めできないのは、人間の前終末的な、あるいは前前終末的な欲求を頼りにしてしまうことであります。私どもがそれをしたからといって、人びとは感謝などしないでありましょう。人びとが望んでおりますのは、自分たちが自分を理解する以上に、私どもが人びとをよく理解してあげているということであります。自分たちが自分たちを真剣に受け止める以上に、私どもが人びとを真剣に受け止めてあげるということであります。人びとが傷ついて私どもを訪れる時、その傷に手を突っ込んでしまうからといって、私どもに愛がないということにはなりません。そうではなくて、人びとが私どものところに来たのはなぜかを私どもが知らないかのごとく、人びとを軽くあしらったりすれば、愛がないということになるのであります。人びとが私どものところに来るのは、終局的な、最も困難な問いに衝き動かされてのことだと想定したからといって、私どもが幻想を抱いていることにはなりません。そうではなくて、人びとが私どものところにやって来ましても、前終末的な答えを与えて、食べ飽きさせてしまうようなことをすれば、幻想を抱いていたことになるのであります。

おお、そうです。人びとは、もちろん、暫定的にそれをするのであります。自分たちが、本来、求めておりますものを見つけておりませんでも、心を動かされ、喜ばされ、満足させられるということはあるのであります。基本的には、他のところでも見つけられたものではありましょうが、（おそらく、宗教的、キリスト教的、保守キリスト教的など、さまざまな形式において）見出し得たかもしれないのであります。

いずれにいたしましても、カトリシズムは、この点でうまくやっている強力な例であります。人びとをつなぎ止め、子守唄を歌って聞かせ、ひとつの、さいわいにも選ばれました、究極の暫定的なものを提供して、人びとが本来求めていたものを忘れさせるのに成功しているのであります。しかし、錯覚を抱かないでいただきたいと思います。私どもはカトリックではありません。もろもろの教会共同体もそうではありません。私どもがおります状況は、もう少し進んだ段階の状況であります。この段階におきまして、最もよく選ばれた麻薬を提供し、どんな後退現象があろうとも、ほんの部分的であり、ほんの短期間でありましても成果を挙げることができているのであります。だが、善意のひとが、私どもが自分の仕事をうまくやっているではないか、と保証してくれても、信用しないようにしましょう。私どもの技巧のすべてが、状況の意味を回避することに成功したと言われても同じことであります。状況を深刻なものにしないでくれと、悩みつつ警告してくれるひとの声にも耳を傾けないようにしましょう。私どもが、通常は的に当たる射撃などしないのに、これらは必ず当たるようになさい、などという声にも耳を傾けないようにするのです！

これらの声が語り出しているのは、神の教会の声ではありません！　私どもの場合、状況が真剣に意味するところは、人間が、み言葉を聴くことを欲するということであります。それはすなわち、それは本当ですか、という問いへの答えに、知ってか知らずか、人びとは動かされているのである、ということであります。日曜日の朝、この状況は、終局の歴史であります。終末論的であります。聖書の視点においてということはしばらくまったく無視し、人間の視点からだけ見ましても、そうなのであります。ということは、この状況が入り込んできますと、そこでは歴史、その出来事以外の歴史が終わる、ということでありますと。そして、終局の出来事を求める人間の究極の願いが尺度になるということでありますと。私どもが、この究極の願いを理解していないとなりますと、その現実存在が窮迫の状況にあるのに、その人間を私どもが真剣に取り上げていないということになるのでありますと。この窮迫状態こそ、人びとを私どものところに導いたものであります。（繰り返して申しますが、人びとが自分を真剣に取り上げるのにまさって、真剣に取り上げてあげる、のでありますと！）そうなると、私どもが不思議がることは許されないのでありますが、大勢の人びとが、あえて教会の敵とまではなりませんが、徐々に学び始めておりますのが、教会を袖にし、私どもを、善意の人びと、不安を抱く人びととだけと一緒にして、取り残して去って行くということであります。

そこで、何度も繰り返されることでありますが、目覚めさせられた牧師の息子や神学者の息子たちまでもが、この静かな避難民の群れに積極的に参加しておりますことは、いわば、ただ心理学的に条件づけられてのことではないでしょうか。あるいは、この子息たちは、近くにいるものですから、本来求められているものが何であるかを知るということからも、こういうことが生じているのかもしれませんね。人びとは、私どものところで、それを見出すことが困難になっているのであります。こんな言い方をしても、少なくとも、私の言い分に正しいところもあるのではないでありましょうか。人びとは、私どもに幻滅を覚えているのであります。しかも教養のあるひとも教養のないひとも同じであります。その最も深いところにおいて幻滅しているのであります。このひとたちは、あまりにもしばしば、おそらくすでに何世紀にもわたって間違った食べ物で食べ飽きさせられたのではないでありましょうか。人びとを歓迎してあげようという、まさに善意のこもった意図によって、そのひとたちの脇を通り過ぎるような語りかけばかりされてきたのではないでありましょうか。思い込んでいるだけの人間愛から、何度も新しく間違った食べ物で食べ飽きさせようなどと考えないで、一度よく考えるべきではないでしょうか。人びとは、教会のなかで、まったく単純になかなか穏やかにならない不安のなかにある自分たちが真剣に受け止められ、理解されることを期待しているのではないか、と。人びとは、通常（メソジストや共産主義者、人智学の集会で）体験している以上に、ここ教会においてこそ、より真剣に受け止められ、理解されることを待っているのであります。

十分に驚くべきことですが、人びとは、私どもから、少なくとも、洗礼を受け、堅信礼を受け、結婚の司式をしてもらい、さらに葬りをしてもらい、そのことによって、自分たちが私どもに寄せている期待がまだ完全には消えてはいないことを示してくれているのであります。同じように十分に驚くべきことは、依然として各個教会があり、また地域共同体としての教会がちゃんとあるということであります。

ところで、これらのものが、もしなかったとすれば、もっとよかったのかもしれません。そうすれば、結局のところ、鐘が鳴った時に、それが何を意味したかに気づいたであろうと思います。

しかし、私どもは、神の寛容によって、悔い改めを差し控えるようなことをさせられてはいないのであります。この神の寛容は、民衆が眠りこけているということだけにおいても、私どもに示されているのであります。そして、この悔い改めこそ、今日の人間を考えてみますと、今の時代の第一の戒めであり得ると思われます。

四

さてしかし、以上は、日曜日の朝における状況の一面でしかありません。しかも、もうひとつの面は、さらに問題が多いのであります。そのもうひとつの面が成り立ちますのは、外面的には、聖書が開かれているということにおいてであります。少なくとも私どもプロテスタント教会におきましては。

ここでちょっとの間、歩みを止めてみるとよいでありましょう。そして、そこで、はっきりさせておきたいことは、改革者たちが大胆にも教会の基礎であり目標であるのは、聖なる書物のなかで語り出された神の言葉だけであると宣言したことによって、測り難いほど危険な出来事が起こったということであります。そのことでまだ一度も嘆息したことがないひとは、そのことを喜びとした改革者たちの喜びをわが喜びとする権利はないでありましょう。なぜかと言いますと、改革者たちは、別の面からも、私どもに、かんぬきをかけてしまったのであります。その結果、私どもは、良心的に、さしあたって何かを提供することによって自分を満足させることなどできなくなっているのであります。同じように、私どもの教会員も、基本的に言ってそのようなことで自己満足することなどありません。

他の教会は、どんなに比較にならないほど、はるかに確実で、持続的で、確信に満ちて、自分の道を歩んでいることでありましょうか。その教会は、よく知られておりますように、この危険に満ちたみ言葉原理を見出さないままにすませているのであります。この周知のカトリックの確かさを、無造作に、鼻であしらっていいというような理由は、私どもにはまったくありません。私が思い出すのは、アルザスから来た、あるベネディクト会の修道士のことであります。このひとは、戦時中の思い出を語ってくれました。ある晩、聖歌隊長として、聖歌隊の仲間と共にマニフィカートを歌っていたそうです。そこに突然、フランス軍の榴弾が飛び込んできて、教会堂の会衆席のまんなかで爆発したそうです。だが硝煙はなびき、マニフィカートは歌い続けられたそうです。こう問うことが許されるかもしれません。プロテスタント教会の説教ならば続けられたであろうか、と。

私ども改革派の者たちが言います「神の言葉に仕える者たち」（verbi divini ministri）としての私どもの課題が私どもを圧迫し、抑圧する時、私どもはホームシックを覚えたことはないでありましょうか。カトリックの「美しい礼拝」へのひそかなる郷愁であります。祭壇における、司祭の羨ましい役割への郷愁であります。司祭はご聖体を全民衆の前に高く掲げます。意味深い力に満ちています。物的象徴は常にこの力を前提にしております。人間の言葉という象徴にまさるものであります。神のみ子の犠牲の死と受肉の二重の恵みをただ言葉で宣べ伝えるだけではありません。自分の手元で遂行させるのであります。〈造り主を造る者〉（creator creatoris）なのでありましょう。

「司祭は、もうひとりのイエス・キリストである！」。私は、ある司祭の初ミサの席で、このように文字通りはっきり告げられるのを聞きました。私どもも同じことをすることができたら、と思います！　そうです、カトリック教会におきましても、並んで聖書の解釈の言葉が語られます。しかし、説教の課題は、そんなに重大なものでもなく、むしろ心配させるようなものでもあります。しかし、カトリック教会では、説教の貧しさが、前もって聖体祭儀の放つ光に覆われ、すくい取られております。聖体祭儀においてこそ、出来事が起こっているのであります。この奇跡のためにのみ、人びとは教会堂に来るのであり、神から人間へ、人間から神への道が、いかにはっきりと目に見えるものとして整えられているのでしょうか。カトリックの司祭は、日ごとに、この道の中心から歩み出し、他の人びとに、この道を指し示すことができるのであります。

そこでは、問題が見事に解決されております。人間が教会のなかに求めているものに関しての最も深い関心というところで、人間をしっかりとつなぎ止めることができているのです。たとえ最大と思われるような、私どもを震撼させるようなことが起こりましても、魂と世界の均衡は事実として揺らぐことなくしてくれるのであります。そこではやはり、究極の救済の言葉が今こそ語られたというように見えるのであります。私どものうちの誰が、カトリックの祭壇のサクラメントの真髄、ケリュグマとしての内容、その成果を、い、い、い、私どもが所有しているかもしれないものを指し示しながら、それがないからといって拒否しようと欲するでありましょうか。とは言うものの、私どもは、よくわきまえております。プロテスタント改革が、廃棄されたミサに代わり、承知して定めた、もっと良いものがあることを。それこそ、み言葉の宣教にほかならなかったはずなのであります。なぜかと言いますと、「目に見える言葉」(verbum visibile)、つまり、対象物として明示される言葉による宣教もまた、サクラメントとして私どものところに残されました。改革は、それ以外のすべてを私どもから取り去りました。そして残酷にも聖書だけを残したのであります。

私どもが欲するのは歴史の歯車を逆転したいということでありましょうか。少なくとも四分の一でも、八分の一でも逆転したいのでしょうか。私どもが、今は、カトリックのミサを容認しているのは、ただ穏やかな心、寛容な心が成長したからでしょうか。それとも、そのような力(ウーシア)も消えたからでありましょうか。かつてハイデルベルク信仰問答の問八〇は、教皇のミサを、「イエス・キリストの犠牲と苦難の否定であり、呪われた偶像礼拝」とさえ呼んだのであります。

そういえば、あまりにもはっきりとよく知られてしまっていることですが、プロテスタント教会の宣教の狭い、恐ろしく狭い基礎を広げようという試みがなされてきております。それは、私どものうちの多くの者が周知のごとく、こころが柔弱になったために身を委ねてしまうようになった郷愁でありましょうか。ただひとつの例だけを挙げます。やはり、まさにユーモラスな提案でありますが、言葉の教会のなかで苦痛に感じられる隙間を、いわゆる〈沈黙のサクラメント〉をもって満たそうというのであります。これ以上におおらかな仕方で、この旅が、どこにたどり着くかを証明することができるでありましょうか。

あのハイラーの祈りについての憂鬱な書物が与えた深い感銘は、あの書物そのもの以上に、考慮に値するものではないでしょうか。真剣に考える人びとが、カトリシズムよりもさらにさかのぼりまして、いわゆる教会ダンスの導入まで論じているのを聞きますと、どう考えるべきでありましょうか。おお、これらすべてから生まれる困惑の思いは、ただよく分かると言うべきでありましょう。

改革者たちは、私どもにかんぬきをかけてしまいました。私どもは簡単に元へ戻すことはできません。これはつらいことであります。四〇〇年が過ぎましても、状況は依然としてこの方向を指し示したままのものとして与えられております。ひとは今日も繰り返してさまざまな薫香をたち昇らせて、煙に巻いておりますが、基本的な変革をもたらすことはできません。これはつらいことであります。ヤーウェの国からバアルの国に入る境界線は閉鎖されてはおりませんが、効果的に閉じられたままであります。私どもの、聖書による神の言葉の宣教は、今や、一種の歴史の現実の全重量を伴いつつ指し示されております。

もはや完全に揺るぎ落とされることはありません。これは厳しいことであります。

いわば、ゲーテの『ファウスト』の第二部の結びから出発するように、中世の明るい輝きのなかに立つ代わりに、プロテスタント改革の薄暗い陰に立たなければなりません。しかも、私どもはまさしくエピゴーネン種族として立つのであります。私どもはそうなのであります。これは、厳しいことであります。先に私どもが語ったことと同じように厳しいことなのであります。私どもの説教の聴き手も、もはや聴き手ではなくなったひとも、言葉を期待して、つまり、「それは、本当ですか」という問いに対する答えを期待して、私どもと、私どもの教会とに対峙するのであります。スキュラとカリュブディスは、互いに見つめ合っており、私どもは、その間に立っているのであります。

五

しかし、私どもは、状況のこの側面を、もっと、もう少し丁寧に捉えなければなりません。この側面は、説教卓と聖餐卓の上に開かれている聖書によって、その特質が示されている状況であります。そうなりますと、改革者の聖書原理を固守すると、それが、私どもに困難をもたらすのではないでしょうか。そうなると、それに応えるのは、そんなに些細なことではありません！　聖書が古いとか、遠いとか（例えば聖書の世界観とか）ということが、私どもに、そのような困難を招いているのではありません。ゲーテ、シラー、仏陀、ニーチェなどとの間に造られてきている魅力ある競争関係が、困難を招いているわけでもないのです。また一般的に申しまして、豊かな流れを作っておりますインスピレーションが、というのでもないのであります。それは、聖書の思想の大道を通して流れているので、そのためにいささか狭いものになっていると感じ取られるのでありますが。

いいえ、そうではありません。聖書は、私どもにとっては、不気味なものであります。聖書が、新しい、大きな（より大きな！）緊張に満ちた期待を、別の面から教会の状況のなかへ持ち込んでいるのであります。教会員は、教会のなかに、まず何よりも、人間が生きるということに関わる問いを持ち込み、それに対する答えを求めます。それに対しまして逆に聖書は、まず何よりも答えをもたらします。それから、それに対して聖書が求めているものが続くのです。それは、答えを求める問いであります。問う人間を求めるのであります。この人間が、この問いそのもの、まさに、答えに対応する問いを理解し、求め、そして発見することを求めているのであります。

聖書の思考の世界の上を動いております線があります。その線が走り抜けているところが、大きな、価値に満ちたもろもろの可能性が問われているところであります。人生のもくろみにおける否定的可能性の全荷重をかけて問われているのであります。つまり、まさにそこで、人間の側から見ますと、あの、それは本当ですか、という問いが生まれてくるのを、私どもが見届けることができるところなのであります。

聖書は不気味な一面性をもって、人生の全段階を飛び越えてしまいます。この危機が、まだ鋭くなっていないところ、人間が、依然として、破綻するところのない単純さで、桜、交響曲、国歌、日常の仕事のなかに、神の臨在を知って慰めとすることができる段階をすべて超えるのであります。それが、恐ろしいほどの切実さで、まず関心を抱く段階は、最高の段階でありましょうか。いずれにせよ、懐疑が人間を襲ってくる段階であります。賛美も、歓喜も、確信も、聖書のなかでは、それらが生じるのは、この線の此岸でなくて、彼岸においてであります。人間が求める者になり、扉を叩く者になったところです。助けを求める者に、最後の困惑が襲ってきたところです。その困惑が、ここで一度はっきり中しますが、教会のなかへと、このひとを導くのであります。

ご注意いただきたいと思います。中心的な例だけを挙げようと思います。詩編において、聖書の線が、人間の生活の線を断ち切るように交差します。そこで、私どもは、はっきりと答えを得るのであります。罪責意識、病気、個人的な敵、民族の敵による圧迫、神と神に関わるものからの隔離、懐疑と絶望、追い詰められること、そして死んでゆくことのなかで。

聖書は、まず、自分の状況に目覚めた人間の傍らに身を置きます。そして、人間と共に問うのであります。詩編を思い出してください。ヨブを思い出してください。いったい、それは本当なのですか。すべてのもののなかに意味があるのですか。目的があるのですか。神は臨在されるのですか。普通には、至るところで、この確信が揺らいでしまっているところで、そう問うのであります。

しかし、ふたつの点におきまして、あの、目覚めつつある人間の意識とは、聖書は、はっきりと自分を区別いたします。

第一に、その区別はここに現れます。聖書からの問いに、初めて、その本当の鋭さ、その本当の意味を与えるのです。しかも、それはこんなふうなやり方によるのです。最も震撼させられている人間、最も絶望している人間を、もう一度、あの深淵のふちにまで連れて行くのであります。そのような深淵を人間は予感もしておりませんでした。喜びと苦悩、善と悪、光と闇、然りと否、私どもが人生の矛盾として知るこれらのものが、一挙にして、まことに近くに接近してまいります。私どもには、最も熱い、最も燃える問いがありまして、その問いがあるゆえに、私どもは、神に向かって祈る手を高く挙げるのでありますが、そのような問いも青ざめ、沈黙せざるを得なくなるような、そのような仕方で、区別するのであります。聖書が、その違いを示すのは、このようにしてであります。私どもは気づかざるを得なくなります。すべての私どもの問いも備えにすぎず、練習にすぎなかったことを。そして、今こそ改めて問うのであります。私どもは真剣に問うているのであろうか。私どもは、神を問うことを欲しているのであろうか。

あの忍耐に生きたヨブが、自分の苦難を嘆きました時、人間的に言いますと、終わりを知らない苦しみを語ったのでありました。パウロが、罪を語りました時、そこで言おうとしていたのは、私どもが自分で嘆くような人形の罪ではありません。そうではなくて、アダムの罪であります。私どもは、この罪のなかで孕《みごも》られ、この罪のなかで、私どもは生まれたのであります。時の続く限り、脱ぐことはないのであろうと思われます。ヨハネ文書は、この世界の闇を語ろうとしております。その時、それは、それと並んで、またそのなかに、誰にとりましても、ありとあらゆる光の親しい存在が考えられるような闇のひとつというものではありません。乱暴なペシミストが、自ら装おうとしたがるような闇でもありません。そうではなくて、闇そのものが語られているのであります。この闇に直面するところでは、オプティミストかペシミストか、どちらでありたいか、などという問いは意味を失うのであります。

そして、イエス・キリストが十字架で死なれる時、ただ単に、「これもまた真実なのですか」などと、お問いになるのではありません。「わが神、わが神、どうして私をお見捨てになるのですか」。人びとは言いました。イエスは、根拠づけの難しい言い訳をして、ご自分の無罪を語っておられる、と。あれは、なんと言ったって、本当の絶望の表現ではない、と。そして完全に見過ごしているのであります。これが、疑いと絶望でないどころか、むしろ、それ以上のものであることを。しかし、これは、私どもの、いにしえの教義学がなおよく知っておりましたように、derelictio、つまり、失われ、捨てられることそのものなのであります。

聖書においては、苦しむということは、神を苦しむことであります。罪を犯すこと、それは、神に罪を犯すことであります。疑うこと、それは神を疑うことであります。赦すこと、それは神に即して赦すということであります。異なった表現をしてみます。苦しみを伴うことでありますが、人間の諸限界をよく洞察してみます。人間が、自分の浮き沈みする人生経験と共に、多かれ少なかれ知ることができる、人間であることの限界があります。この洞察から、聖書においては、十字架の福音が生まれております。神が定められた秩序としての十字架の福音であります。人間は、今ここで、ただ一回的に、決定的に、この秩序の下に置き定められているのであります。十字架は、神の要求であります。私どもが、この方を、つまり神を、生涯にわたって問い続けることを、求められるのであります。他の、すべての問いが、たとえ解答可能であったといたしましても、私どもは、この問いからは、私ども自身をもはや解き放つことはなく、無関係になるべきでもないのであります。明瞭に、ますます明瞭に、旧約聖書、新約聖書全体において、ますます光に迫るのは、このメッセージであり、イエス・キリストにおいて、もはやすべてがはっきりし、誤解されることのないものとなるのであります。

　このメッセージは、人間を求めます。神を問うことができるし、それを欲する人間であります。自分の小さな問いを、この大きな問いのなかに、溶けさせてしまうことができる人間であります。もっとも、こういうところでは、他のどんな問いも小さくなってしまうでありましょう。十字架のもとに、すなわち、神のみ前に、身を置くことを心得ている人間であります。

「重荷を負う者は、すべて、私のところに来なさい！」。何のためでありましょうか。「あなたがた自身に私のくびきを負いなさい！」。最もよく目覚めている人間、最もよく求めている人間でありましても、自分たちが、それほどに惨めな、重荷を負う人間であり、しかも、ひとつのくびき、キリストのくびきを、自分で負うということなど、自明のことではありません。このことを、私どもは決して会得しませんでした。そして、これまでに、一〇〇〇回も会得していたら、と思うのであります。

第二の決定的な点は、これであります。人間の人生を問う問いは、最高の形でありましても、問いは単なる問いであります。それに対しまして、求められた答えは、第二のもの、他者として、後からやって来るものであり、問いに対立して立つのであります。それに対しまして、聖書は、人生を問う問いを、どのように捉えているかと言いますと、それを、神を問う問いへと翻訳いたします。私どもは、この問いのもとに立つのであります。既に答えについて聞いておりませんと、〈問い〉を語ることも聞くこともできないのであります。

聖書が私どもを導くところ、結局は、大いなる否を聞くだけであり、大いなる穴を見るだけであると言うことができるひとが、証明しているのは、そのひとが、まだそこまで導かれてはいない、ということであります。このような否は、まさに然りであります。このような審きは恵みであります。このような判決は、赦しであります。このような死は、いのちであります。このような地獄は、天国であります。このような恐るべき神は、愛してくださる父であられます。失われた息子を、ご自身の腕のなかに引き入れてくださる愛の父であられるのです。十字架につけられた方は、甦らされた方であります。十字架の言葉は、そのまま、永遠のいのちの言葉であります。いかなる第二のもの、異物も、問いに加わる必要はありません。問いが答えなのであります。聖書全体の意味に他ならない、この逆転の真理性、現実性、本当に根拠があることなのかということが、問われるでありましょう。私が知るのは、生きておられる神の現実以外の何ものでもありません。神は神であられ、ご自身を基礎づけられる方であり、その方の現実であります。聖書は、神が何かに基礎づけられた存在であるということを、一切拒否いたします。聖書は、啓示の証言をするのであります。私どもは、その方の栄光を見たのであります。そのように、問いへの答えとして栄光を見たのであります。答えを、このように聞き、認識し、知る以外にありません。

しかし、答えこそが優先するのであります。同時に答えであることがなければ、それは問いではありません。人間にとって、現実に答えであることができるためには、それは、人間に問いとして出会う必要があります。神は、然りの充満であります。ただ、私どもが神を神として理解するためには、私どもは、神の否を通り抜けて、神に達しなければならないのであります。狭い門こそいのちへの導きであります。これがこの門であるという理由によってのみ、それは、狭くなければならないのであります。「私は、あなたがたの休息を与えよう！」。そしてまた言われました。「私のくびきはやさしく、私の重荷は軽い」。このことが私どもにおいて真実になるためにのみ、私どもは、くびきと重荷を自分で負わなければならないのであります。「『それだから、あなたがたは、すべてのこころを注いで、私を求め、私は、あなたがたに見出される！』。主はそう言われたのである」。ただ主のみが、そのように、お語りになれるのであります。求めることと見出すこと、問いと答えとを、ひとつのものとすることが、おできになるのであります。しかし、聖書は、こう証言します。主は、このように語られる、と。

つまり、教会の状況の、もうひとつの別の面が、何によって作られているか、ということであります。よろしいでしょうか。それは、なお、より大きな期待であります。聖書を通じまして、この期待が、状況のなかに運び込まれるのであります。これは、このような期待であります。聖書の問いのなかに自分自身の問いを再発見し、しかも、そのことによって、神の答えを見出している人間は、どこにいるのでありましょうか。この神の答えは、最終的に、救いをもたらし、新しく造り、いのちを与え、祝福を与え、時間と、時間のなかにあるすべてのものを永遠の光のなかに押しやり、希望と従順を造り出しているのであります。いかなる目も、これまで、見ることがなかったものを、今は見る目を持つ人間、いかなる耳も聞かなかったものを聞く耳を持つ人間、繊細な人間のこころなら飛び込んできたであろうものを捉えてしまうこころを持つ人間は、どこにいるのでありましょうか。未だ現れてきていないもの、神の子たちにさえも、いや、神の子たちにこそ未だ現れてきていないものの保証としての聖霊を受けたいと欲し、それが可能になる人間は、どこにいるのでありましょうか。自分の困窮のなかにありまして、約束を望みとする信仰を欲し、そして信じ得る人間であります。神は、そういう人間を期待しておられます。神は、そういう人間を求めておられるのであります。

聖書のなかで問われているのは、私どものいのちではありません。私どもの関心事、必要、願いではありません。主が、ご自身のぶどう園で働く者を求めておられるということが書かれているのであります。教会員から教会に持ち込まれる期待は、ささやかで、取るに足りないものであります。そしてそれを、私どもは、よく理解するならば、あの期待に並べてみます。前者と同じようにまったく沈黙しておりますが、開かれた聖書から来る期待でありまして、これは前者と異なり具体的であります。あるいは、むしろこう言うべきでありましょう。この状況の特質を示すのは、人間の目覚めでありまして、これは、大きな、意味深いことであり、ここで神が期待していてくださるということから来る光のなかにあるのであります。それゆえに、人間が待つということは、どんなに真剣に取り上げられても、十分ということはありません。それは神と共に初めて企てるに至る、あの大いなる期待の落とす影にほかならないからであります。これは秘義に満ちた状況であります。誰がこのことを見誤りたいと思うでありましょうか。よく理解していただきたいと思います。しかし、私どもは無益な抵抗はしないでありましょう。まさに、この状況のなかに、あの秘義に満ちたものが根源的に入り込んできました側面に従い、繰り返して申しますが、私どもは四〇〇年前にキリスト者の世界に届いていたものにより、固く据えられたものとなっているのであります。

六

この期待が、ふたつの面から目指していた出来事こそ、キリスト教会の宣教であります。そして、そこに男がおります。男は、この出来事においては、中心にいるわけではありませんが、しかし、最も前の位置に立っております。キリスト教会の宣教者であります牧師であります。このひとはやはり、日曜日に教会堂に来たり来なかったりする人間の側から見ますと、いずれにせよ、人びとに答えを与える、第一のひとであります。そして、このひとは、聖書から見ますと、神の問い、神を問う問いのもとに、自分自身を置くことに備えていなければならない第一のひとであります。私どものための神の答えが真実のものになることができないのに、彼がそれをするでありましょう。人間が問う問いに、神に問われている人間として答えるのであります。そうです。そうなりますと、こう言えるでしょう。この男は神の言葉を語っております。人間は、このひとに、この言葉を求めております。神は、この言葉を語ることを委ねておられるのであります。なぜかと言いますと、現実に神に問われている人間、そして神を問う人間として、神の答えを知っているはずであります。人間に答えを与えることができるはずであります。そうです、自分たちの問いを抱えて、神の答えを待っている人間たちにです。自分たちがよくわきまえなくても、そうしているひとたちであります。もしこのことが、その通りであるならば、キリスト教会の宣教というのは、意味に満ちている、最も決定的な出来事なのではないでありましょうか。

教会の状況全体が、このような出来事の枠組みであるとすれば、それは一挙にしてよく理解できるものとなりましょう。牧師の現実存在も正当化されるでありましょう。牧師が、このような出来事に仕える者であるべきであるならば、であります。まさに、プロテスタンティズムにおける牧師の職務の中心である行為であります。まさに神の言葉の宣教であるべきならば、それは、聖書解釈にほかならない説教であります。ここで私が、こんなことを言いますと、それは、ほとんど陳腐なことになりかねません。天から見ても地から見ても、これに優って差し迫ったこと、必然的なこと、助けに満ちたこと、救いに満ちたことはありません。これほどに、現実の状況に、これほどに適応しているものはないのであります。それは神の言葉を語り、聴くということであります。その、審き、正しく立たせる真理の力のある神の言葉であります。すべてを根こそぎ引き抜き、すべてを和解させる真剣な神の言葉であります。時間のなかに射し込む照明力、さらに、それを超えて永遠の明晰さのなかに届く照明の力を持つ神の言葉であります。しかも時間と永遠の両者を同時に、一方を他方を通じて、また他方のなかに照らすのであります。生きておられる神の言葉、ロゴスであります。

　私どもは、私ども自身に問うのではありませんか。そこで、イエス・キリストを思い起こすのではありませんか。神のご意志には迫りがあるのではないか。ここ、一九二二年のドイツの、今日の人間のありようは、この出来事を求めて叫んでいるのではないでありませんか。もう一度言います。もし自分たちがするキリスト宣教がこの出来事そのものであると言うのであれば、私どもがする宣教とは何というものなのでありましょうか！　そして、宣教がこの出来事であるということは、約束であります。宣教が得ている約束なのであります。私どもが、私どもの牧師としての状況を真剣に受け止めるならば、私どもは他のことはできません。この約束を肯定するだけなのであります。約束は教会員と聖書との間にある私どもの状況を真剣に受け止めることと共に与えられているものであります。真剣に受け止めるということは、この注目に値する状況の背後にある神の約束をしっかりと捉え、これを信じ、これにより頼み、これに従うこと以外の何ものでもないのであります。

しかし、ここで私どもがこころに留めなければならないことがあります。それは、私どもが神の言葉を語る、ということは、キリスト教会の宣教に与えられている約束だということであります。約束は成就ではありません。約束とは、成就が、私どもに約束されたということであります。約束は、信じる必然性を廃棄するのではなく、これを基礎づけることであります。約束は、人間が関わる部分であり、成就は、神が関わられる部分でありま す。神のことが人間のことだ、ということは、信じられることがあり得るだけであります。

「私どもは、そのような宝を土の器のなかに持っています」。神の部分と人間の部分、宝と土の器が入れ替わることはありません！

どうして、誰にも、このような入れ替わることが起こらないのでしょうか。例えば、神学者と、もっと知識があるとされる不注意な哲学者との間に、そういうことは起こりません。やはり事柄ははっきりしているのでありましょう。私どもが神の言葉を語る、ということは、ただ信じられるべきことであります。ひとりの人間の唇の上に乗る神の言葉、これは不可能です。そんなことは生じません。目で捉えることはできません。自分でやってのけるわけにはいきません。神の行為は、おそらく、天からも地からも、期待が寄せられる出来事なのであります。それ以外の何かが、待っている人間を満足させることはできません。他の何かが、神のご意志ではあり得ません。あるのはただひとつ、神ご自身が、それをなさる方である、ということだけであります。つまり、神の言葉だけが、神の言葉なのであり、神の言葉であろうとし、神の言葉でなければならず、神の言葉であり続けることができるのであります。まるで、事柄が、これとは別であるかのように見なすのは、仮称にすぎず、ちょうど反対のものに逆転させることなのであります。それが、どんなに輝かしく見え、キリストの教会らしく、聖書的であるように見えても。先取りされた成就は、私どもから、約束をも奪ってしまうのであります。

七

さらにここで語られなければならないのは、教会の状況にひそむ、恐るべき危険についてであります。あのような外観を呼び覚ますようなことを、教会はまったく何もしていないでありましょうか。それを誰が知るでありましょうか。神の言葉を、まるで自分の言葉であるかのごとく、自分の舌に乗せるところまで到達しているのであります。よくお分かりになりましたでしょうか。このような姿は、まことに憂慮すべきものであります。この状況は、ますます危険なものになりつつあります。成功し、成果を挙げれば挙げるほど、そうなります。それとしっかり結びついているのが、成就するということであります。そうなればなるほど、私どもの教会堂は満員になります。私どもの働きは、いわば、ますます祝福されたもの、満足すべきものとなるのであります。

祝福とは、しかし、何でありましょうか。牧師職において、満足とは何でありましょうか。イエス・キリストを語らないまでも、預言者と使徒が、例えば、こういう人びとの印象を語ってくれているのではないのではないでしょうか。祝福された、満足させてくれた生活を回顧することができた人びとの話であります。私どもが、それらの人びとよりもずっとましだなどと言えるのは、何と稀でありましょうか。

これは何を意味するのでありましょうか。いずれにいたしましても、このことが意味いたしますのは、私どもが、一度、根底から恐れを抱くべきだということであります。あなたは、何をしておられるのですか。あなた、人間よ。あなたの唇の上に神の言葉を乗せているのですか。どうして、あなたは、天と地の間の仲保者の役割を担うようになっているのですか。あなたに、自分をそのようなところに位置づける権限、そして宗教的気分を作り出す権限を、誰が与えているのですか。しかも今や、それが成功し、成果を挙げているのですか。最高の傲り、最高の巨人主義以外の何ものでもないのではありませんか。古典的な言い方はしないほうがいいかもしれません。しかも、いささか、この方がよりはっきりするでありましょう。最高のキッチュなのであります！

ひとが、人間性の限界を踏み越えたのであります。処罰されないことはないはずです！　神の特権領域に踏み入ったのであります。処罰されないはずはありません！　しかし、ふたつとも、牧師という職務に属するものであることは不可避ではないのではありませんか。教会全体の状況が、名前を持たないまま人間を傲慢にさせることになっているのではありませんか。他の領域で人間の傲慢がやってのけているのよりも、より悪いことではないでしょうか。

私がお答えしてみましょうか。神においては、人間に、通常可能ではないことが、可能であります。牧師としての私どもは、教会の、そのような状況におきまして、ちょうど火にさらされながら火事にならないで済むように、救われているのであります。しかし、人間においては、それは不可能であります。私どもにできる限りにおいては、ただ、こう言うばかりでありましょう。私ども牧師たちに対する怒りにまさって真剣に怒りを語り得るところは、どこにあるでありましょうか。あるいは、まさしく私どもが、審きのもとに立っているということを、私どもはほとんど何も知らないと言うべきでありましょう。霊的に、宗教的に、何らかの意味で。無邪気に、私はそう思いますが、実際には極めて現実的なこととして、こうでした。モーセ、イザヤ、エレミヤ、ヨナたちは、いずれも真実にわきまえておりました。説教者のこのような状況に身を置きたくない、ということをわきまえていたのであります。教会、それは、本来不可能なものであります。私どもは牧師ではあり得ません。説教すること、そこで何が行われるかということを知るならば、誰が説教することを許され、誰に説教することが可能でありましょうか。

　私どもにとりまして、教会の現状は、まだ十分に深刻なものとして思い浮かべられてはいないのではないでしょうか。いつ私どもが、教会の状態をきちんとわきまえるようになるのでありましょうか。今日、教会に対しまして、そしてキリスト者すべてに対しまして、教養ある人びと、無教養の人びとから、教会を侮蔑する人びとから、抗議の声が挙げられております。私どもが自分たちが思い切って何をやってのけてしまっているかをわきまえるならば、結局は私ども自身でも抗議の声を挙げざるを得ないかもしれません。結局は、そんな声も、混じっているかもしれません。そのような抗議の声は、正しいかもしれないし、むしろ、単純に攻撃されてみるのもよいかもしれません。ちょうどダビデが、レムの子シメイが石を投げるのを容認しましたように〔サムエル記下第一六章五節以下〕。私どもがいつも備えている、精緻ではありますが、その値打ちは疑わしい防具で弁論をし、防戦したりしないでおくのであります。私どもを襲おうとする嵐は、落ち着いて、その純化の力を振るうがままにするほうが、薦めるに値することではないでしょうか。すぐに教会らしい逆風を起こして立ち向かおうとしない方がいいのです。いくつもの牧会神学の諸雑誌、あるいは、その類のフォイエルバッハの著作を読まないで、しかも、試してもみないで、頭を罠から引っ張り出してしまうほうが、私どもにはよいのだということでありましょうか。

　奇跡は、神にはまさに可能であります。その神が私どもをお選びになりました。そして牧師として義と認めてくださろうとしております。しかも、この教会の状況のなかにおいてであります。そうなりますと、いずれの場合にいたしましても、まさにそこで、私ども自身に対する審きを受けるのであります。教会に対する審きを受けるのであります。牧師職に対する審きを受けるのであります。なぜかと申しますと、まさにここで初めて、私どもは他ならぬ約束をここでしっかりと捉えるのであります。初めてここで、これを信じるのであります。

ただ単に一般的に人間としてではありません。もしそうであるならば、気楽なことになりましょう。そうではなくて、まさしく聖職者（霊のひと）[15]として、まさしく私どもが立っております中心的位置において、あの問いを、私どもに引き受けるのであります。肉と呼ばれるすべてのものに対する、あの、大きな、謙遜を求める、死をもたらすほどの、神からの問いを受け止めるのであります。まさに、そのことを通じて、私どもは、初めて、〈霊のひと・聖職者〉（Geistliche）であるという状況のなかに立つのであります。つまり、神の答えを聴き、人間に対しては、そのひとたちの問いに答えるようになるのであります。私どもの宣教は具体的な困窮を経験することを通じまして、本物となります。そのことを通じまして、初めて、私どもの職務を果たすことによって、派遣されているということも明確になるのであります。そして、派遣ということこそ、私どもの宣教行為を正当・正規のものとするのであります。

レビ記第一六章によりますと、大いなる贖罪日に、大祭司は雄牛を連れてまいりまして、これを屠り、贖罪の犠牲として献げました。これにも意味があります。「大祭司は、自分と自分の家に和解をもたらす」罪の赦しのための献げ物をするのであります。それから雄山羊を民のための赦しの献げ物といたしました。この場合、雄牛を一度献げ、その間、雄山羊のほうはまだ生かしておくことにすることを薦めるほうがよかったのではないでありましょうか。

いわば、審きが神の家から始まるということを、私どもがお断りしたらどうかということであります。私ども自身、私どもの職務、そして私どもの教会を、すべての肉が立たなければならないところに置くことを拒否するのであります。そうなりますと、私どもが何度でもそこから始めなければならない第一のものとしなくなるのであります。私どもが繰り返して思い起こさなければならない第一のこととしないのです。書斎の机や説教卓で語

（15）ドイツ語では、カトリックでもプロテスタントでも、いわゆる聖職にあるものを霊のひと（der Geistliche）つまり聖霊により職務に就いているひと、と呼ぶことが多い。

るという私どもの仕事に、先行しなければならない第一のこととはしないのであります。そうなりますと、私どもは、このことが意味する根底からの幻滅を、ひそかにせよ、あからさまにせよ、世俗的理由づけをするにせよ、キリスト者らしい理由づけをするにせよ、逃れたいでありましょう。そこでは、私どもは、この世界に対しまして、非キリスト教的な世界観、無宗教的な大衆、そしてその他すべてのことに対する告発に力を入れるでありましょう。その告発は、最初からというのではないでしょうが、やがて全重量をかけて、私ども自身にも命中するようにもなるでありましょう。そうなると、外にいる人びとに対抗して語る私どもの言葉も息切れしてしまいます。そうなると、罪を語るようになります。「神のようになる」〔創世記第三章五節。原著では、同箇所のヴルガータ訳のラテン語が引用されている。Eritis sicut Dei〕。あらかじめ私ども自身に語りかけることもなしに、であります。「あなたは、そのような男なのだ。他のすべての者以上の者なのだ!」と。

そうなりますと、私どもは、審きのもとに留まらなければならない、ということになるのではないでしょうか。神の言葉は、すべての肉なるものと共に、私どもを、もちろん、この審きから、引き出そうとしていてくださるのであります。今述べましたような拒否は、こういう意味を持つでありましょう。私どもが、あの約束で満足したいとは思わないということであります。私どもは信じようとは思わない、ということであります。さて、そうなりますと、私ども自身としては、聴き、語るということに、どのようにして至り、諸教会共同体としては、どのようにして、神の言葉を聴き取り、認識し、その働きにあずかるようになるのでありましょうか。そうなりますと、私どもは、いかにして信頼するに足る者となるのでありましょうか。罪の赦し、からだの甦り、永遠のいのちは、み言葉の宣教において現実のこととなり、しかも、そこにおいてのみなのではありませんか。私どもが信頼するに足る者となるのは、自分たちが信頼するに足らない者であることを、よく承知するということにおいてのみではありませんか！

確信を呼び起こすように神を語るということが起こるのは、ただ、キリスト教会の宣教そのものが、あの困窮のただなかにあるときだけであります。十字架のもとにあるときだけであります。あの問いのなかにいるときだけであります。神を問う問いであります。答えることができるようになるために問うているのであります。この困窮から抜け出そうと、私どもが欲することは許されません。

若いルターが、カトリック教会が支配した中世を非難したのも、それがこの困窮から抜け出そうとしたことでありました。その詩編講解、ローマの信徒への手紙講解のどのページにも、ルターが、このことを発見した時の驚きが語られております。スコラ学者でも、神秘家たちでも、彼らを駆り立てたもの、それはましく、ルターが、一五一八年のハイデルベルク討論において、そう呼びましたように、〈栄光の神学〉（theologia gloriae）にほかならないのであります。一種のナイーヴな、宗教的気分醸成の行為であります。神を問う、あの問いからの一種の逃避であります。自分が答えを与えることができるための問いでした。ここで、ルターはスコップを突き立てたわけでありまして、自分の神学、改革者の神学、私どもがそこに私どもが立つ地盤があると言っております神学を、〈十字架の神学〉（theologia crucis）と定義いたしました。この神学が展開される起点となりましたところは、人間が自分の最高のもの、最善のものさえも、まさしくそのようなものを犠牲とし、審きのもとに置いたところであります。そして、そのようにして、約束を捉えたところでありますただ信仰に基づいて。その理由は、ルター自身が、理由を持たず、ただそれ自身のなかに根拠づけられている神の慈愛に捉えられたからであります。十字架につけられた方であるキリストが、まさしく、ご自身が〈捨てられておられること〉(derelictio)において、約束の担い手となっていてくださるからであります。

この方こそ、私どもをご自身の民としてくださいました。私ども自身が自分でキリストの民となったのではありません。教会そのものが、おそらくまだ聴いていなかったとすれば、いかにして人間が教会のキリストを宣べ伝える言葉から、このことを聴き取ることができるでありましょうか。

八

私どもは十字架の神学を地盤にして立っているでありましょうか。このことは、私には、運命を問う問いであるように見えます。今日、私どもが、十字架とは何かということに留意しなければならなくなるところでは、プロテスタント諸教会に投げかけられている問いが、これであります。

私どもは、今日、真剣な牧師たちであることを必要としております。その通りでありますが、教会そのものという意味では、まったくそうではありません。しかし、この真剣さは、教会の事柄としては、その通りでありますが、人間的な牧師の真剣さというのがあります。これは教会にも当てはまります。ですが、今日の状況の真剣さに対応し得るほどに成長してはおりません。

私どもは有能な牧師というものを必要としております。その通りです。しかし、経営の仕事に有能ということではありません。言葉をきちんと取り仕切るということは、経営の仕事ではありません。たとえそれが、どんなに輝かしい成果を挙げても違います。経営の仕事ということになりますと、無能なひとたちだけが、そこに至ってしまう状況というのがありますが、そういう状況においてこそ、有能さというものが発揮されなければならないでありましょう。成功もせず、影響力も発揮できない状況であります。最も困難な孤立化の状況であり、否定的な結果しか生まれない状況であります。それが生涯の終わりまで続くのであります。

私どもは、敬虔な牧師を必要としております。そうです。敬虔が、あなたは、私に従いなさい！　という招きにお従いすることを意味する限り、そうなのです。おそらく、右にも左にも敬虔と呼んでいるものがありますが、そのすべてから引き出してしまってくれるのが、このような招きへの服従でありましょう。

ところで、ここでよく考えていただきたいと思います。〈十字架の神学〉を基盤にしたとき、真剣さ、有能さ、敬虔とは、何を意味するとするのが、好ましいか、ということを、よく考えていただきたいのであります。私どもが、その基盤に立ちたいと思うのであれば、私どもがいずれにせよ断固として別れを告げなければならないのは、カトリックの祭壇のサクラメントの線上にあるすべてのものであります。このサクラメントは、審きを免れることができるつもりになっている、教会の栄光を表す、まことによく考えられた象徴であります。そして、まさしくそこで、恵みを受けないですませてしまっているのであります。あの約束では事足りぬとさせてしまっているのであります。そうではなくて、すでに成就を得ており、成就を享受しており、それを経験してしまっているのであります。

そうです。享受することを欲しているのであります。人間の栄光が、そして何よりもまず教会の栄光が死んでいくことによってこそ、成就を経験するに至る道があるはずなのに、あたかもそうでないか、のようであります！　いかなる状況にあっても、いかなる意味においても、私どもが〈創造者の創造者〉（creatores creatoris）でありたいと願うようなことはするべきではありません。私どもは神を造り出す〔erzeugen〕のではなく、証言する〔bezeugen〕のであります。綴りがはっきり違うのであります。

祭壇のサクラメントの線上にありますのは、キリスト教会の宣教の困窮からの逃亡であります。それゆえにまた、キリスト教会の宣教に与えられている約束からの逃亡であります。私どもは、錯覚しないほうがよいのであります。まだ今のところカトリックらしい外観を呈しておらなくても、かなり多くのものが、この線上にあるのであります。むしろ、きわめて福音主義的でありさえするのであります。そして、何よりもきわめて現代的であります。

私は、皆さんにお任せいたします。よくお考えいただきたいのであります。ごくありきたりの説教学、牧会学の著述のなかにまで、この線が広がっているのではないか吟味していただきたいのであります。私どもの、伝統的な、教会の決まりきったやり方に広がっているのではないか。まさに、さまざまな方向を目指す私どもの神学の組織神学、歴史神学の、近頃の、特に最近の叙述では、いよいよ深く広がっているのではないでしょうか。およそ所有が問題になるところでは、至るところ、この線が貫かれております。同時に無所有でもあることのないような所有が問題になるところです。受けるということなしの与えるということです。欠乏ということなしの所有、無知ということなしの知識、立ち上がることなく座り込むこと、「こころの貧しいひとたち」のいない天の国の到来、この線上には、勝利に至るという意識に到達することもありません。なぜかと言いますと、この確信も勝利も神に由来するのでありますが、その神は、光のなかに住んでおられ、そこには誰も近づくことはできません〔テモテへの手紙一第六章一六節〕。そして、そのような方として、礼拝されることを欲しておられるのであります。

　これは、キリスト教会の宣教の危機であります。よくお分かりになりましたでしょうか。私は、この運命的な線の話をすることによりまして、いずれの側に対しても、直接の非難をしたいとは思っておりません。事柄が、非難しやすいようには起こってはおりません。

　私は、自分が誤認しているとは思っておりません。多くが困窮から生じているのであります。したがいまして、キリスト教会の宣教に与えられている約束と共に語ることができ、実行されている可能性があります。このことは、最初に見たところ、あの運命的な一線に恐ろしいほど近いように見えます。

右におきましても、左におきましても、国民教会におきましても、高教会運動[16]におきましても、年老いた者たちによっても、若いひとによっても行われる今日のキリスト教会の宣教に関わる事柄におけるすべてのことが、自分なりの歩みをしております。それでいいのです、いいのです！「すべての人びとに役立つものなどはひとつもない。誰もが自分の留まっているところがどこかをよく見つめるがよい。誰もが自分のしていることが、すべてのひとに気に入るわけではない[17]」。

そういうわけで、このひとに対して、あのひとに対して、積極的な、あるいは消極的な位置に立って弁証論を語り対立的な立場に立つような行動をとるわけにはいきません。

おそらく、だからこそ、そこで語られること、なされることを解き、考察する集中想念[18]の方法を導入すべきでありましょう。牧師、神学者である私どもが、今日、これまでのいつの時代よりも事実として対峙しておりますただひとつのもの、必然的なもの、逃れ得

(16) 一九一八年に始まった福音主義教会内に起こった運動。ルターのドイツ語によるミサを導入し、司教を置くなど、中世の教会のあり方を再建しようとした。私がドイツ滞在の頃にも存在していた。東ドイツを訪ねたとき、そのような運動のミサに招かれたことがある。ミカエル共同体と呼ばれていた。

(17) ゲーテの一八七六年頃の詩の一節。よく知られていたらしい。詩の題は"Beherzigung"。このドイツ語は、詩だけで用いられる。何かを「こころ」(Herz, ハート) に留めるということである。なお『全集』は、バルトの引用はゲーテの原詩と異なることを指摘する。記憶する詩を口にしたのであろうか。意味は異ならない。

(18) ここで「集中想念」と訳したのは、Besinnung というドイツ語である。こののちにバルトが一九二四年に書いた最初の教義学講義"Unterricht der christlichen Religion"(キリスト教の授業) のプロレゴーメナにおいても重要な概念となっている (『全集』、英訳)。「想念集中」と訳してもいい。訳者の造語である。大宮訳では「意識」と訳されているが、そうではないと思っている。私の理解では、バルトが語ろうとしているのは、改革者ルターが神学をするとは要するに meditatio、つまり、黙想することであると理解していないものについての集中想念であります。集中想念というのは想起のことであります。私どもの言葉と行為を想起するのであります。おそらくそのような想起におきましては、もはや語られなくなったり行われなくなったりしなくなったこともあるでありましょう。かつてとは、異なった語り方がされたり、行いがなされることもあるでありましょう。おそらく、新しいものの言い方で、かつてと同じことが語られ、行われる必要もあると思われます。集中想念とは、基本的に言いまして、積極的なこと、否定的なこと、いずれかを語ることではなくて、要するに欄外注であります。「小さな、取るに足りないこと」なのであります。集中想念は私どもを、いずれにせよ、互いに別れざるを得なくさせるようなものではないのであります。想念が生み出す結論が理論的にも実践的にも、私どもすべてにおいて同じではなかったとしてもであります。

私はこう考えます。このような集中想念につきましては、カトリックの神学者とさえ分かり合うということが原則的には可能でなければならないのではないか、と思うのであります。最終的には、祭壇のサクラメントについても、そういうことが起こり得る可能性があると思います。もちろん、まったくこれを受け入れることがありませんでも。キリスト教会の宣教の困窮と約束、神の審きと神の義認は、おそらく、最終的には、トリエント総会議の教会以前にまでさかのぼり得ると思うのです。

私どもプロテスタントの者にも、カトリック的なものがまだ十分残っていると思っております。ですから、改革者たちが関心を抱いた事柄が、私どもにおいても、単純に死んでいたりはしていないと思われます。私どもにとって、それは自明のことではないのであります。私どもが、このことを、よく承知しているのかどうか、私どもの内面で、このことに目覚めているのかどうか、それを問うことを、日常の当たり前のことにしてはいけないと思います。今日も明日も、私どもは、自分の内において目覚めていなければなりません。真実に、改革は、四〇〇年以前とまったく同じように可能であり、必要なのであります。このような集中想念が行われるところで、改革が起こるのであります。

るのと同じようなことではないかと思う。この講演が語られた頃、Meditation という用語がそれほど一般化していなかったのではないかと推測する。

皆さまにおきましても、おそらく、苦々しい憂慮の思いよりも、改革を憧れる思いの方が、強く、別物のように現れたことがあると思います。こうお考えになるでありましょう。ほかにどうしようもないではないか。このようにため息をついて、こう祈るばかりである。「おいでになってください、造り主であられる聖霊よ！」（Veni creator spiritus!）。ローマの信徒への手紙第八章によれば、これは、かつて、凱旋の言葉というよりも、希望に溢れるものだとされたのであります。もし、皆さんが、聖霊を得ていさえいれば、ということであります。皆さんが、この嘆きの祈りを、お聴きになり、理解しさえすれば、皆さんは〈私の神学〉のなかに導き入れられていることになるのであります。皆さんのお気に召したということにまさって、よく理解していてくだされればよいのであります。

　そうなりますと、私が、一種の希望の信仰告白をもって結びの言葉といたしましても、よく理解してくださることでありましょう。それは、カルヴァンが、ミカ書第四章六節（「その日が来れば、と主は言われる。わたしは足の萎えた者を集め／追いやられた者を呼び寄せる」）を説き明かす言葉であります。これについてカルヴァンは、こう言うのであります。[19]

「たとえ教会が、死んだ男、あるいは役立たずになった男と区別がつかないようなことになりましても、だからといって絶望することは許されません。なぜかと申しますと、主が、ご自身に属する者たちを、立たせてくださいます。ちょうど死者を墓から呼び覚ましてくださいますように。よくご注意いただきたいのです。なぜかと言いますと、教会の光が衰えると、私どもはすぐに、もう消えてしまうと思うものであります。もうおしまいだと思ってしまうのであります。しかし、世にある教会は保たれております。教会は、そして一挙にして死から甦るのであります。そうです、最後に起こる出来事は、教会が、そのような奇跡によって、日毎に支えられるということであります。固く確信しましょう。教会のいのちは、甦りなくしてあり得ません。いや、それ以上です。たくさんの甦りなくしてあり得ないのであります」。

（19）『全集』は、以下のカルヴァンの文章全文をラテン語で引用する。それによれば、全文をバルト自身がドイツ語に訳して朗読し、その「教会のいのち」に始まる最後の部分だけをラテン語で繰り返したのである。

神学の課題としての神の言葉

はじめに

楠原博行

以下は、カール・バルトの一九二二年一〇月三日と、改めて一〇月一一日に語られた講演「神学の課題としての神の言葉」（Das Wort Gottes als Aufgabe der Theologie）の新しい翻訳である。底本は Karl Barth, Das Wort Gottes und Theologie, Gesammelte Vorträge, Kaiser Verlag, 1924, S. 156-178 である。また丁寧に校訂され、脚注も付されたチューリヒの Theologischer Verlag 刊行のバルトの『全集』（Gesamtausgabe）の第三区分の Vorträge und kleinere Arbeiten 1922-1925 にも収録され、一九九〇年に刊行されている。これも参照した。以下『全集』と略記している。大宮溥先生の翻訳（『カール・バルト著作集Ⅰ　教義学論文集〈上〉』所収［一九七〇年第二版］）も参照させていただいた。訳者には少し難解に思われたが、日本で長く読まれてきたすぐれた翻訳である。もちろんこの翻訳作業の際に気づいたことは新しい訳に反映させている。読み比べていただくと興味が増すかもしれない。

訳文は講演であったドイツ語原文に寄り添う訳をむしろ心がけたつもりである。もちろん直訳的にではなくて、読みやすく、また分かりやすいようにできるかぎり努力もした。本来は聖書神学専攻の訳者ではあるが、教会の礼拝に仕える説教者として、このバルトの講演に引き込まれたこと、何よりもこのバルトの言葉に今まで触れる機会がなかった方々に訳者と同じ驚きを体験してほしいとの願いを込めて翻訳作業を行った。『全集』には綿密な注がつけられているが、「一歩進んでバルト研究を究めたい方は、ご自身で『全集』、英訳を検討されればよいと考える」（本書一一頁）との加藤常昭先生の立ち位置を踏襲した。通読を助けるために最小限の訳注は付けた。

この講演は上述の通り、まず最初の講演が一九二二年一〇月三日に「キリスト教世界の友 Freunde der Christlichen Welt（略称ＦＣＷ）」協会で行われた。その経緯が『全集』一四四頁以下に詳細に記されている。

それはドイツにおける自由主義プロテスタントの主要雑誌である一八八六年創刊の『キリスト教世界 Die Christliche Welt』読者の神学議論の場として生まれたものであった。カール・バルトもそのメンバーに属していたのである。

一九二〇年一〇月一日、アイゼナハにおいて同協会は、別の自由主義プロテスタント組織とともに「現代キリスト教同盟 Bund für Gegenwartchristentum（略称ＢＧＣ）」を結成、一年ごとに会議を開くことも決定、その第一回をＦＣＷと共同で一九二一年一〇月にアイゼナハで開催、主要講演をエーリヒ・フォレスター（バルトを新たなマルキオン主義と批判。バルト自身が「キリスト教会の宣教の困窮と約束」（本書、加藤常昭訳、二一頁）でそのように言及している。同頁注９も参照）とラインハルト・リーベ（バルトを聖書絶対主義的新超自然主義者と批判。同じく前記参照）が担当し、加えてバルトとの論争が大きな役割を占めたのである。ただしバルト本人はそこに居合わせてはいなかった。

同月『キリスト教世界』編集主幹マルティン・ラーデはバルトに共同の講演会開催を希望し、一九二二年一月九日付けで正式な招待がなされた。主題は自由であり、神学専門の聴衆となるＦＣＷの特別会議で話すか、あるいは、信徒の聴衆も予期されるＦＣＷかＢＧＣの会議で話すかの選択もバルトに委ねられ、このような機会を拒めば、今後理解を受けることが困難になるだろうとの意見も加えた。バルトは折り返しＦＣＷの会議での講演を受諾するしかなかった。

六月末までバルトは、最終的に主題「神学の課題としての神の言葉」を見出すまで、講演主題をどう表現するか、ためらい続けたのである。七月末、ＢＧＣは「キリスト教世界」の主催者としてエルゲルスブルクにおける会議の一九二二年一〇月二日から五日の開催を決定。バルト講演は一〇月三日午後六時からとした。九月二八日にはなおバルトが、トゥルンアイゼン宛てに自らの大きな不安を書き送っており、執筆途中の原稿を携えて、ゲッティンゲンを出発せざるを得なかったこと、「エルゲルスブルク講演の最後の三分の一を絶望的な勇気をもって列車の中、膝の上で書き記した。それは講演を行うほんの数時間前のことであった！」こと、講演には三〇〇人から四〇〇人の聴衆が集まっていたことが『全集』の解説に詳細に記されている。改めて同じ内容の講演が一〇月一一日に、エムデンにおける「東フリースラント改革派説教者会議 Coetus reformierter Prediger in Ostfriesland」の定例会議でも行われた。

最後に、何よりもここに記したいのは、加藤常昭先生も言及されている、説教塾で開かれた、「キリスト教会の宣教の困窮と約束」加藤常昭訳のオンライン読書会に訳者も加わって仲間の説教者たちとともに、講演当時の生々しさをも味わいつつ、興味と興奮とを共有することができたことである。もともとは先生の『愛の手紙・説教——今改めて説教を問う』（教文館、二〇〇〇年、八六頁）、さらにさかのぼって『説教者カール・バルト——バルトと私』（日本基督教団出版局、一九九五年、一九頁）における、これらを精読した体験があるかという真摯な問いかけから新訳作業が始まったと言ってよい。その真摯な問いかけが、バルト一〇〇年の年に、説教塾の塾生に対して、加藤常昭先生から再び、なされたことからすべては始まったのである。この二つの書物において、特に後者において、この二つの講演を精読するべき理由が、さらにはその急所についても記されている。

この「神学の課題としての神の言葉」も「キリスト教会の宣教の困窮と約束」とともに、説教塾読書会での対話をも通して、今この時代においても読者に強い刺激を与える、読みやすい新しい翻訳へとブラッシュアップされたことを信じている。加えて、この「神学の課題としての神の言葉」も「キリスト教会の宣教の困窮と約束」と並んで、同じく、説教者にとって必読の文章であり、バルト一〇〇年の記念の年を経て、これらの講演が日本の説教者および教会で読まれ、その原点に立ち戻ることの重要性を思う。これらの書物が読まれるべき必要はむしろ今こそ、かつてよりも必要となっているとの加藤常昭先生の確信と、説教塾仲間たちと共にしたバルトの預言者的発言への感動を同じくするものである。

神学の課題としての神の言葉

楠原博行訳

一

私ども神学者は自分たちが召命を受けた職業のせいで苦境に陥っております。そこではもしかしたら、みずから慰めてむなしい希望をつなぐことができるかもしれませんが、どう慰められても気が晴れることのないことは間違いありません。私どもはそのことをすでに学生だった時に、そうなるのではなかろうかと疑い予感をしておりました。私どもは年を取りました。そしてそれは私どもがかつて予感していたよりもずっと厳しいものだったのです。私どもは牧師であるか、あるいは大学の教師となっておりますが、苦境は常に同じであり、誰も他の者と同様に、わずかでもそれを回避することはできないのであります。私は、いわゆるヌミノーゼ(1)を知るためにローマ・カトリックの諸教会や、どこだか行き先の分からないところにまで行く神学者たちがいることに驚いております。あたかもそれが私どもの周りにはないかのごとくなのです。実はそれはあるのであり、それはまったく関心をひかないことではありますが、その代わり現実的なことでありまして、それは私どもが書き物をするために机に向かって座る時であり、私どもが寝る時、そしてまた起きる時であります。それは再び自分の務めに就く前のことであり、またそれがすんでしまった後のことであります。単純なことであり、また他には何の体験もなかったとしても、私どもは神学者であると言う、その事実により、それはあるのであります。この事実に由来する苦境は、私ども自身が置かれているであろう状況には、まったく依存してはおりません。それは、今すぐ結論を先に言ってしまいますと、心理学の手法を用いてはっきりと描き出すことができるのですが、すべての人が間違いなく目の前に迫っている自分たちの死を通して、どういうわけか魂の中に書きつづられている問いかけのように、ほとんど説明をすることはできません。この精神的な生活の不思議なブランコ遊びは、私ども神学者が誰しものように良かれ悪しかれ屈服させられているものでありまして、私どもの苦境と並んで、その独自の道を歩んでおり、この苦境とは明らかに関わりがありません。(2) しかし私どもの職業の機械的な側面における問題も常にその脇を通り過ぎてしまい、その原因とはなり得ません。たとえば神学体系もすでに頻繁に改善されており、完全に建て直されてしまっております。神学的な実践も同様であり、私どもの職業に対するさまざまな個人的立場も長く試され、検証がなされてきましたが、これはそもそも試されるべきものでありました。それらすべては、病気の人に気分転換に寝返りをうたせる以上のものを意味するでありま

---

(1) ドイツのプロテスタント神学者ルドルフ・オットーはその主著『聖なるもの』の中で、非合理的、神秘的、直接的体験から生じる宗教経験を、「霊的、宗教的感情を引き起こすもの」を意味するラテン語の numen から Numinose（ヌミノーゼ）と呼んだ。

(2) 初期の版では“es geht neben..., und sie hat mit ihm”と記されていたが、“geht neben..., und hat mit ihr”とバルト自身により修正が行われている。

しょうか。教会においても、大学においてのように私どもはまだ気づいていないのでしょうか。昨日は私どもにとって平安であったものが、明日は間違いなく不安となるということを。方法と方向づけの変更が、私どもにおいて常に繰り返されることは避けられませんが、それによっても、私どもを苦しめるものを取り除くことはいずれにしても期待できないのだということを。まさに現代特有の当惑する状況に関わる問題などでは実際あり得ません。ですから神学者たちが、まさに自分たちの時代は、この職務を果たすことがとりわけ困難であるなどと、いつもいつも考えてきたわけでもありません。私どもの時代について言えば、こうも言えましょう。今日、神学者であることは、一〇年前よりも易しいことであり、ここドイツにおいては中立的な外国などよりは易しいことであると。それは私どもの出発点となったもろもろの出来事(3)の結果によって、足もとの地盤が一般的に軟化しており、今、私どもが関わりを持つであろう事柄に、比べようのないほどに有望な展望が開かれているからです。そして社会における私どもの職が不確かなものであること、私どもが大多数の人々のもとにおいて、いずれにせよ神学者として人気があるわけでもなく、尊重されてもおらず、オーファーベック(4)が語るべき多くのことを知っていましたように、むしろあの不信感に包まれていることが原因であるわけではあり得ません。なぜなら、まず第一に、私どもがその他の点について自分たちのことがらについて確信を持っていたとしても、福音によれば、それは驚くことではないからでしょう。そして第二に、だからといってそのことがそれほどひどいことではないからです。しかし私どものような者に対しての、いわゆる必要性の問題が繰り広げられる可能性が先ごろ現れたことは、新しいドイツにおいてもなお前代未聞のことです。総じて言えば、教養ある聴衆によっても、そうでない聴衆によっても、私どもの身に起こる待遇を真剣に嘆く必要はありません。実際に憂

(3) 第一次世界大戦を指している。
(4) フランツ・カミーレ・オーファーベック。バーゼル大学の新約聖書および教会史の教授だった。主著『現代神学のキリスト教性について』において教会教父による歴史的キリスト教を主張し、それはキリスト本来の考えとは関わりのないものと考えた。ニーチェの親友でもあった。

慮すべき必要性の問題は私どもに対して別の方向から提起されるのです。しかし私どもの困窮はまた教会からもたらされることはありませんし、その経営における時代遅れの精神や、その官僚主義的やり方や、教派的束縛からもたらされることもありません。私はパラダイスのような土地[5]の出身であります。そこでは大学教授から平凡な村の牧師に至るまでの神学者たちが、それぞれの関わり合いの中で、おおよそ望む通りのことをすることができ、回りくどい前置きもなく、最も寛容で、最も融通のきく、調停神学[6]が、ほぼすべての教会組織の中に君臨しております。そしてただ、あたかもそれにより、神学者たちに課された責任が、ほんの少しでも軽減されるとでも幻想を抱くような場合のみは警告を受けるのです。それとは正反対なのであります。つまり、いつか古い教会に反対して、新しい教会のために戦うすべての戦いが、表面上は無用なものとなります時には、内面的には、もしかするとすでにそうなのかもしれませんが、そのために向けられてきた真剣さがすべて解き放たれ、より真剣さが求められる対象に向けられたなら、かえってますます激しく神学の本質的な困窮に取り組むことになるでありましょう。

それこそが本題なのであり、それこそが私どもに与えられた課題なのです。それがどれだけ各人に感じ取られているかということそれ自体がひとつの問題です。私どもの状況について私は皆さまと語り合いたい。そして私どもがどれだけ違うように感じ取っていても、それは可能でありましょう。私はこの私どもの状況について、次の三つの命題によって特徴づけたいのであります。私どもは神学者として神について語らねばなりません。私どもはしかし人間であり、そのような者として神について語ることができません。私どもは、私どものねばならないと、私どものできないということ、この両方を知り、まさにそれにより、神に栄光を帰せねばなりません。これこそが私どもの苦境であります。他のことはす

（5）バルトの出身のスイスを指している。
（6）調停神学は一九世紀ドイツ神学の中で影響力があった傾向であり、保守的信条主義と急進的自由神学との中道を目指し、ルター派の伝統的正統信仰と近代自然科学とを「調停」しようとした。「調停」はヘーゲルとシュライアマハーがそれぞれ独立して重要視した概念であった。

べてそれと比べると児戯に等しいのです。私はそのひとつひとつについての説明を試みます。

二

私どもは神について語らねばなりません。私どもの名前がそう告げています。しかし名前だけではありません。私どもの行為の意味について素朴な質問をすることが私ども神学者に対してもおそらく許されるでありましょう。私どもが職務を開始し、それを行うことにどのような意味があるのだろうか、と。人々はいったいどのような期待を私どもに抱いているのだろうか。あるがままの私どもに、人々は何を望み、少なくともどのような価値を認めたいのか。あるいは自分たちの期待が裏切られるのを見た時の、彼らのあざけりやさげすみは私どもに何を指し示しているのか、と。もちろん、あたかも、自分たちが私どもに望んでいることをためらわずに口にすることができるかのように、彼らがまず何に動かされてそうするのか、その動機を私どもが彼らに問うようなことは許されません。そのさまざまな動機の中で、私どもに期待する周りの人々を、彼らが自分自身を理解するよりも、もっと良く理解しようとする動機こそが問題なのです。違うでありましょうか、私どもの神学者としての存在は、他の人々の存在の危機に基づいてのみ理解することができるということは。彼らの存在を、彼らが所有するすべてによって構築するためには、彼らは私どもを必要としないのです。それを彼らは私どもの忠告などなしに片付けます。しかも私どもが普通考えるよりももっと良くであります。しかし彼らの存在の彼岸に、またそれにつながる、あらゆる問いの彼岸に、ひとつの大きな問いがあることを彼らは知っています。それは、何、何のために、どこから、どこへ、という問いであります。それは括弧全体の前につけられたマイナスでありまして、括弧の中のすでに答えが与えられた問いすべてを、さらに新しい問いかけにする、そのような問いであります。このあらゆる問いの中の問いに対しては、彼らは答えるすべを心得てはおらず、他の者たちならそれができるかもしれないと無邪気に認めるのです。それゆえ彼らは私どもを奇妙な特殊な存在の中へと押し込んで、それゆえ私どもを彼らの説教壇や講壇の上に立たせ、それにより私どもがその場所で神について語り、この最後の問いに対する答えについて語らなければならないようにするのです。なぜ彼らはこの最後の問いを、他のすべての問いにするように、自分で克服しようとはしないのでしょうか。弁護士や歯医者のところに行くように、私どものところに来ることはできないこと、自分たちで分かっている以上には、私どももこの問いの中にあって何も分かっていないのだということを、もう長く経験してこなければならなかったのにもかかわらず、なぜ彼らは私どものところに来るのでしょうか。確かに、そのように問うことができるでありましょう。明らかに彼らは私どものところに来るということによって、人間がこの問いに対しての答えを自分では与えることができないであろうことが、また誰かがこの問いを持って他の人のところへ行ったとしても、いずれにせよそれが、この他の人が自分で与えることができるような答えを得るためではないことが、どことなく分かっているのだということを表明しているのです。

しかしたとえそれがどうであろうとも、私どもは問われているのです。そして今、大切なのは、私どもが何について問われているのかということに、十分に注意を払うことです。

生きていくためには、明らかに人々は私どもを必要とはしておりません。しかし確かに自分たちの全生涯にその影を落としている、死ぬということのためには、彼らは私どもを利用したいように見えるのです。歴史は私どもなしで進んで行きます。しかしもし、終末論的な、終わりの出来事がその地平線上に現れるなら——歴史におけるどのような問題が終わりの出来事への入口にはないと言うのでありましょうか——その時私どもは明らかにそこにいまして、開始を告げる、決定的な言葉を発せねばなりません。自分自身については、そして自分たちに可能であり、許されている事柄については、彼らはどうにか方向づけをしてはいます。しかしそれは、この生きるための方向づけという網全体が掛けられているのが細い糸であるようなものなのでありまして、それにより時と永遠の間の刃物のように急峻な尾根道の上で、長い間忘れていたのに、時々突然変化していることを知って、驚いたように私どもから情報を得ようと望むことをします。人間性の境界において神学的な問題は提起されるのです。[7] 哲学者たちはこのことを知っているのに、私ども神学者は時おりこのことを知らないように見えます。なぜなら、よく分かっていただきたいのです。道徳や精神生活について、宗教と敬虔についても、より高次な世界についての、あるいはあり得るかもしれない認識についても、哲学者たちは私どもの啓蒙や告知を結局のところ必要としていません。すべてのものも彼らの実存に属しており、その実存の困窮には、彼らがそれを知っているかいないかにかかわらず巻き込まれることになります。もし私どもがこの領域において、人を揺り動かす問いに対して、私どもの多かれ少なかれ役立つ提案と専門的な情報を与えようとするなら、私どもがいろいろな人に、もしかすると何百もの喜びを生み出し、役に立つ者となることでありましょう。私どもがそれをしたいのなら、どうしてしてはいけないでしょう。しかし忘れてはいけませんのは、これらもろもろの需要に応えるために（私は繰り返しますが、宗教的なものが含まれています！）、私どもの神学者としての職務が、ここで答えることを可能にする、技術のおかげをこうむってはいないがゆえに、本来私どもにもたらされるその問いが片付けられてはいないということなのです。私どもはあまりにも急ぎ過ぎて愛を口実にしてはいけません！　そこではまさに、私どもが他者に果たさなければならない愛とは何か、が問われるのです。私どもが人々が存在するのを助けているのですから、私どもは憐れみ深い者であるのだと考える限り、たとえ何千人もの人々が私どもの贈り物に感謝したとしても、私どもは憐れみなどない者であるかもしれません。人々が私どもの助けを求める時は、それは彼らの実存ではなく、彼らの実存の彼岸、神の実存が疑われる時です。それが村のやり方であろうが、都会のやり方であろうが、私どもは結局のところ好ましくない者、不必要な者、滑稽な者なのです。私どもが自分たちの職務を、道徳的な人が不道徳な人と共に、霊的な人が霊的でない人と共に、敬虔な人が不敬虔な人と共にいる、人がただ人として存在する、現実的であり、起こり得る、あらゆる人間の現状を越えて広がっている窮状の、代表者や目印として、いや、むしろ、その窮状を示す非常信号として理解してこなかった限り、私どもは神学者としての自

（7） 初期の版では誤って“aufgerufen”（呼び出される）と記されていたが、バルト自身により“aufgeworfen”（提起される）と修正が行われている。

分の職務を理解してはいなかったのです。人間は、多かれ少なかれそれを自覚していようがいまいが、その制約、有限性、被造物性、神からの分離を意味している人間性の中に存在しているのです。その状況は、その人が自覚していなければしていないほど、自分に欠けているものを私どもに告げることができなければできないほど、自分を助けてくれる同胞を誤解していればしているほど、よりひどいものとなります。

人は人として神に叫び求めます。ひとつの真理ではなく唯一の真理を、何か善いものではなく唯一の善を、もろもろの答えではなく自分の問いに直接結びつく最高のひとつである唯一の答えを求めるのです。なぜなら彼自身、すなわち人間がまさに問いであるからでありまして、ですから答えも問いでなければならず、それは彼自身でなければなりませんが、今、それは答えとして、答えが与えられた問いとしてでなければならないからです。解答（レーズング Lösung）を求めて彼は叫ぶのではなく、救い（エアレーズング Erlösung）を求めるのです。またもや何か人間的なものではなくて、神を求めるのですが、自分の人間性の救い主（エアレーザー Erlöser）としての神を求めるのです。この無限なものの中へ歩み入るためには、ただ有限なものの中で、あらゆる方向に向けて歩まねばならないこ(8)

とを一〇〇〇回教えたとしても――おお、人は確かにそうしますし、確かに歩むのですが、実際、自分だけに可能な歩みをしてやり遂げたこと、そのすべてによる、栄光と身の毛がよだつような恐怖は、その歩みも確かに心を動かすものではありますが、不可能なものを探し求めることの、不気味な重荷の十分な証しとなっているのであります。しかし何度でも何度でも人は簡単には満足しません――どうしてそれができないのでしょうか――この有限なものの中での歩みについて、いかなる忠告や叱責の言葉にもかかわらず。何度でも何度でも人は、見つかったものが、探し求めていたものに対して、明らかに1:∞（無限大）の関係にあることに我慢できないのです――そこにおいて1＝∞であるとはいくらなんでも信じられないのです。いったいこのことをどのように信じることができ、信じることが許されるでありましょうか。そこにおいて彼にとって手中にありますのは、むしろ完

（8）ゲーテの詩『神と心情と世界』の「無限なものの中に歩み入りたければ、ただ有限なものの中で、あらゆる方向に向かって歩みなさい」より。

全に答えの大海であり、いつも繰り返し手掛けるものがたった一滴の雫となり、それがなお問いであるところです。そしてこの問いは人間自身であり、彼の実存であり、そして彼岸には、あらゆる既知の大海の彼岸には、あの答えがあり、人間がその中に立っているあらゆる関係が指し示す、あの現実、あらゆる述語の主語、あらゆる外国の文字の意味、共に彼の既知の生を形づくる、あらゆるまがいものの始原の根源があるのです[9]。

しかしこの答え、この現実、この主語、この意味、この根源は、まさにあそこにあるのであって、ここにはありません。答えは問いではないのです。あそこにいる者はここにいる者ではありません。答えとして彼の問いであるかのような答えについて、無限なものとして有限であるかのような無限なものについて、あそこにいる者としてここにいるかのようなあそこについて、神として人であるかのような神について人は問うているのです。人が神について問うような時には。この問いに直面している人に対して、文化や精神生活や敬虔に関するさまざまな答えをもって対処したり、あるいはこれら重大なことすべてに対する批判をもって対処するのは、それがどれだけ善意によってなされようとも、その人が私どものもとへ、神学者のもとへとやって来た、その元の所へと再びその人を送り返すことではないでしょうか。何度でも繰り返して私どもはその人と戯れようとでもするのでしょうか。もっともその人も途方もない目的のために、私どものことを辛抱して利用することができると思っていることを決して理解しようともしないで。私どもは神について語ろうとは思いません、あるいはできませんと、私どもがひそかに考えていることを、隠すことをしないで、その人に、私どもはなぜ打ち明けることをしないのでしょうか。それとも私どもが、それをしないこと、あるいは公言しない深刻な理由を持っているのならば、なぜ、私どもは少なくとも神についての、その人の問いを自分のものとし、私どもの職業の中心的な主題としようとしないのでしょうか。

私は今まで主に教会の宣教を念頭に置いてまいりました。しかし基本的にはまったく同じことが大学の神学にも当てはまるのでありまして、たとえ将来の牧師たちに対するその

（9）ヘーゲルの論理学における主語（Subjekt）と述語（Prädikat）、カール・ヤスパースの哲学の始原（Anfang）と根源（Ursprung）を言っていると思われる。

教育的課題を全く度外視しようとしたとしてもそうであるのです。総合大学（Universitas literarum）[10] の構成要素としても神学はひとつの非常信号、何か正常ではないことのしるしであります。また学術的な存在の危機もあり、それは言うまでもなく一般的には、結局のところ人間の存在の危機そのものとひとつであって、同じものです。まさに本物の学問はそれが扱う事柄においては周知のように確信を持ってはおらず、またそれはただ、あちらこちらにあるだけではなく、その根本において、大前提において確信を持ってはいません。ひとつひとつの学問が、自分の括弧の前にあるマイナスをとても正確に知っています。そしてそれについては、あのひそめた声でしか語られないことが常です。その声は、ここではもちろん、すべてのものがひっかけられている釘が問題であること、しかしその他の点では体系的に構築された全体の後ろにやむを得ず付けられるであろう疑問符も問題であることをこっそりと教えます。この疑問符こそが、あらゆる学問が言い表さねばならないほんとうに最後のものであることを考えるなら、学術的な世界であると誤って考えられているものが、現実には、奈落の崖の上でぱたぱたとはためいている、ばらばらのページの絡み合いであることが、どんなにか誰の目にも明らかになることでありましょうか！　そして今やこの疑問符こそが、事実、あらゆる学問における最後のものなのであり、、、ます。だから、それゆえに、その良心のとがめのゆえに、あるいはむしろ慰めを必要とする良心のゆえに、大学は大学の塀の中にある神学を大目に見ていまして、神学者たちがよりにもよってまさにこの最後のもの、人が語ることをしないものへの注意を喚起していることに[11]、いくらかはいらだって不機嫌になってはいますが、しかしまたひそかに——それとも私が

(10) Universitas literarum ラテン語で「文芸による大学」。一八一〇年に開設されたベルリン大学においてヴィルヘルム・フォン・フンボルトの大学建学の精神であった。教育と研究を統合する全人教育を歌う新人文主義者による総合大学の構想であり、われわれが知る「大学」という言葉の由来となる。

(11) 初期の版では誤って"die Fragen"(問い)と記されていたが、バルト自身により"den Finger"(指)と修正が行われている。"den Finger auf et.4 legen"は「注意を喚起する」の意。

思い違いをしているのでしょうか――誰かが、こんなにも学問的にではないことに加担し、また声に出し、明確に語ることを通して、まさにこの最後のものについて、すべてのものが指し示している、この分かりにくい中心について、そこで行われている事柄の全体が意味あるものとなるようにと、記憶を褪せさせないことに加担しているのを喜んでいるのです。ここでも神学は――あれやこれやの神学を学んだわけではない大学学卒者の、神学についての個人的意見がどのようなものでありましょうとも――事実、期待に包まれているのであります。それはつまり神学がその職務をつかさどっていることへの期待、そしてまた、他のところではどこにおいても、神学がそれを沈黙することができ、また沈黙することを望んでいる限りは、ただ疑問符として背後にあるのにすぎないものを、答えとして代表する（どのように神学がそれと折り合いをつけているかを見るように！）ことへの期待です。皆が、ただ限界概念として、不可能なこととしてのみ認識せざるを得ないものを、可能なこととして認識し、それにより神学は神についてただ囁き、噂するだけではなく、語ることをし、神をただ指し示すだけではなく、神より始め神を証しし、神を背後のどこかではなく、あらゆる方法による前提やあらゆる学問をものともせずに、前面に立てる期待であります。はっきりしたことは、大学における神学の存在は、アプリオリというようには正当化できないし、根拠づけることもできないことです。そうではなくて、ただ非常事態の処置としてのみ、非常事態がおそらく解除できないところでの、持続的な規定の例外としてのものなのです。しかしそのようなものとしてなら、神学の存在は正当化でき、根拠づけることができます。それはちょうど社会の中における教会の存在と同じであり、これもその理念からは導き出すことはできません。それは逆説的な仕方ではありますが、避けられない仕方でそうなのです。まさに他の学問の意味での学問としては、神学は大学において存在する権利を持ってはおらず、それは他の学科に属するいくつかの分野のまったく不必要な重複です。神学部という学部は、他の学部ならこのような状況下では（rebus sic stantibus）言わないことを言うという課題を担っていること。あるいはただ人が聞くことのないことを言うことが許されているだけであること。少なくとも、絶対に言われなければならないことを告げる非常信号として、カオス（混沌）とはもっともっと驚くべきことであって、だからコスモス（秩序と調和のある世界）などではないことの生き生きとした記憶として、最も外側にある欄外の疑問符、また感嘆符として、いや、哲学も行っていることとは異なり、まさに学問的可能性の欄外のさらにその彼岸にあって——それがひとつの意味を持つのであります。宗教学部という学部はそれとは反対に、実は何の意味も持ってはいないのです。なぜなら宗教の現象についての知識は、歴史学者にとっても、心理学者にとっても、哲学者にとっても必要不可欠なものであることは確かであり、これらすべての研究者は、単独で、神学の助けなしで、この知識を獲得し、育てることができるのも確かだからです。それともいわゆる「宗教的理解」と言うようなものは、たまたま神学的になった歴史学者や心理学者の借地であって、神学者でない学者は宗教の古文書を同じ愛と専門知識とをもって研究することはできないというのでありましょうか。もしほんとうに私どもの意見が、神学は宗教学の中に吸収合併されるべきだということでしたら、私どもは大学において存在する権利をいずれにせよ失ってしまうことになるでありましょう。なぜなら宗教は他の現象と同じように啓発的ではありますが、また疑わしい現象だからです。それを知ることは必要であり、また知ることが可能であるのは、もちろんのことです。しかしまさにそれゆえに、私が宗教を何か、知ることが可能なものとして研究することによって、私が一匹の甲虫を研究する時と同じような、あらゆる学問にある存在の危機の中に、自分もいるのだということを認めることになります。新しい、特別な、確かにとても注目に値する問いが、そこで私の関心をひくかもしれません。しかし、その問いは、あらゆる問いと同様に、最後の、未解決の問いへと追い返されるものであり、最後の答えに他ならないあの問いではありません。まさにその問いのゆえに神学は、かつては大学全体の母であり、いくらかうなだれていたとしても、依然として、第一のものとして、他の学部と比べると何か特別なものとして存在するのです。あの冒険には私は指を触れることはしませんでした。他の者たちが、私についてどう考えましょうとも、結局のところ神学者である私に期待している、あの冒険のことであります。

　歴史に関する注釈が、ここにおける結論となるでありましょう。私どもが自分の立ち位置を知るために目当てとしなければならない神学者たちの系譜は、事柄の本質からこれまでに展開されてきた考察において、まさに今、重要なのは、キェルケゴールを経てルターとカルヴァンへ、パウロへ、エレミヤへと至るものであります。これらの名前はもちろん多くの者たちが引き合いに出すのが常です。それゆえ私は事柄をはっきりさせるために次のことを付け加えたいのです。それはその系譜がまた、そして同時にマルテンセン[12]を経てエラスムスへ、コリントの信徒への手紙一第一五章で戦いの相手とされた人々へ、預言者エレミヤの首から軛をはずして打ち砕いた預言者ハナンヤ[13]へと至るなどというわけではない！　ということを。そしてさらに事柄を明らかにするために、ここで紹介された系譜の中にシュライアマハーの名前が欠けていることを、私ははっきりと指摘したいのです。私はシュライアマハーをそのライフワークの独創性に対して当然あらゆる敬意を払っていますが、それゆえに、さしあたっては決して良い神学教師ではないと考えています。なぜなら彼において、私が見る限りでは、人が人として困窮に陥っていること、そしてそれはつまり救いのない困窮に陥っているということが決定的に不明瞭なままであるからです。いわゆる宗教の存立全体も、その困窮を共にするのがキリスト教という宗教であったとしても不明瞭であり、それゆえにまた、神について語ることが、いくらか声を高めて人間について語ることとは、いくらか違ったものを意味するということも不明瞭なのです。例えばルターがはまり込んだという、いわゆる二元論を克服し、まさに宗教という概念によって、待望の、そして栄誉のうちに行き来する橋を、天と地との間にかけた、まさにそこにシュライアマハーの特にすぐれた長所を見るべきだという者は、その人がまだそうはしてはいないとしても、言うまでもなく、ここで主張される事柄とは最終的には意見を異にす

(12) ハンス・ラッセン・マルテンセンはデンマークの神学教師として道徳哲学と教条学を教え、調停神学の代表者の一人であった。シュライアマハー、ヘーゲル等の影響を受けたとされる。一八五四年からその死去までシェラン島の司教となり、同時に、ルター派デンマーク国教会の長となる。マルテンセンが前任司教ヤコブ・ペーター・ミンスターの葬儀説教において彼を、「かけがえのない」司教、「まことの真理の証人」と述べたことをきっかけに、セーレン・キェルケゴールのデンマーク国教会への攻撃は始まった。キェルケゴールにとって国教会制度に支えられ、裕福に暮らす者が、貧しいキリストの弟子たちと同じ「真理の証人」であるとは考えられず、彼にとっての「真理の証人」とは「殉教者」のはずであったからである。キェルケゴールは国教会を相手どり、新聞「祖国」に論評を記し、かえって自身が非難を受けることになるのである。

(13) エレミヤ書第二八章一〇節。

ることを表明しなければなりません。私にはそれを妨げることができません。ただ願いを言い表すことができるだけです。その人は必ず、シュライアマハーと宗教改革者たち、シュライアマハーと新約聖書、シュライアマハーと旧約聖書の預言者たちを同時に引き合いに出すようなことはせず、シュライアマハーからさかのぼって、その次の代の人としてメランヒトンなどを考慮するような、何か新しい系譜を探したがるのです。なぜならキェルケゴール、ルターとカルヴァン、パウロとエレミヤの名前で表されるものは、人間の奉仕（Menschendienst）は神への奉仕（Gottesdienst）[14]でなければならず、その逆ではないことについて、両義的ではなく、まったくシュライアマハー的ではない明瞭なものであるからです。エレミヤがユダの王たち、その家来たち、国の民、とりわけその祭司たちや預言者たちと対峙する時の否定的態度と孤独。パウロの全生涯を特徴づける、ユダヤ教において具現化されていた宗教の世界からの熾烈なまでの方向転換。不敬虔ではなく、中世の敬虔とのルターの決別。キェルケゴールのキリスト教徒に対する攻撃。シュライアマハーなら夢にも思わないであろう、これらすべての試みは、ここで神について語られる仕方の特徴です。人間と人間の宇宙、人間がなお生き生きと見つめ、感じている宇宙、それは謎であり、問いであり、それ以外の何ものでもありません。人間に対して神は可能なものに対する不可能なものとして、命に対する死として、時間に対する永遠として対峙されます。しかしこの謎の解決、この問いに対する回答、存在の危機の終わりは、正真正銘、新しい出来事であり、そこでは不可能なもの、それ自体が可能なものとなり、死が命となり、永遠が時間となり、神が人となるのです。そこへと導く道はなく、それに対する才能が人間にはまったくない、新しい出来事なのです。なぜならその道、またその才能自体が新しいもの、啓示と信仰、新しい人間がまなざしの下にあること、そしてあおぎ見ることなのです。神について語るという、この試みの重大さだけを、私は指摘したいのです——それが成功するかは別の問いです——それを開始する地点を指摘したいのです。いずれにしても、ここで分かっていることは、人間が人間として陥っている困窮ということです。分かっていることは人間がこの困窮の中で発する問いのことです。それが困窮と問いであることを覆

(14) Gottesdienst（礼拝）は直訳すると「神への奉仕」である。

い隠すことができるような、あらゆる仮象が散らばっているどこか別の場所ではなく、この困窮と、この問いにこそ、神について語る試みが結びつけられるのです。これこそがこの試みの重大さです。これこそが、なぜ私どもがこの歴史の系譜を見て自分の位置を知り、またこの歴史から、私どもは神について語らなければならない！　という命令をも聞くのかということです。たとえ私どもがこれに従うことが可能な状況にあったとしても、この命令は極めて苦しいことではないでありましょうか。

三

私の第二の命題に移りましょう。しかし、われわれは人間であり、自分自身では神について語ることができない、であります。私どもは、私どもの証人の最年長者の「ああ、主よ、主よ、私は説教する資質を有してはおりません！」(15)との言葉を思い起こします。彼はそれを自分の言葉の中にそのまま残しておいたのです。彼が二三年間も説教をしてきたにもかかわらずです。確かにこの言葉は彼の成長の記録としてではなく、彼がその後、「私は語ることができません」と言い続けてきたことすべての表題として語られました。しかもエレミヤは神ご自身から召命を受けた者、聖なる者とされた者でありました。教会の職務を神ご自身による召命の代わりに置き換えること、ひとつを他のものと同一視することが、そう単純にうまくいくかどうか、ルターが根拠づけた、その考えがそんなにも明快であるかどうかという問いを、私どもは繰り広げようとは思ってはいません。私どもが同時に自分の職務についてそのような理解にありまして、すなわち、私どもは神による召命とそのための装備とを与えられているのだと、私どもが受け入れたとしましても、私どもが人間として神について語ることができないということは変わらないのです。他の人々、教会共同体が意図するところは何と驚くべきことでありましょうか。私どもも自分ではそ

(15) エレミヤ書第一章六節のルター訳。

のことをあまりにもよく知りすぎているのですが、もちろん是が非でも聞かれなければならない事柄を、自分たちに告げることを、彼らは押しつけることができると考えており、大学がしているように、そうでなければ誰も告げることができないし、許されもしないその事柄を、告げることを私どもに委ねることができると考えているのです。私どもも人間です。彼らが私どもに望んでいることを、また、私どもも神学者として自分で望まなければならないことを、彼らと同じように、私どもは少しばかりしかできないのです。私どもは神について語ることができません。なぜなら神について語ろうとすることは、本気で語れというならば、啓示と信仰とに基づいて語ることを意味するからです。神について語ろうとすることは神の言葉を語ることを意味します。その言葉は、ただ神からだけしか来ることができず、その言葉は、神が人となられるという言葉であります。これら四つの言葉[16]を私どもは告げることはできますが、そうすることによっても、まだ、真理である神の言葉を告げてはいません。神が人となられるということを告げることは、神の言葉として、まさしくまことの神の言葉であるように語ることであり、それこそが私どもの神学の課題となることでありましょう。これこそが、私どもに向けられた、驚愕させられた良心の問いに対する答え、自身の人間性の救いについての人間の問いに対する答えとなるでありましょう。それはラッパを吹きならすように、私どもの教会の中に、実際に私どもの教室の中に、そして教会や教室から、さらには町の通りへと響き渡らなければならないでしょう。そこでは、私どもの時代の人間が、自分たちにそれが告げられるのを待っております。私ども聖書学者がそうすることを常としているのとは違うように告げられるのを待っているのです。私どもが、私どもの説教壇と教壇の上に立つのは、彼らにそれを告げるためであります。私どもが彼らにそれを告げない限り、私どもは彼らに対して肝心なことに触れずに核心から外れた話をしているのでありまして、彼らの期待を裏切っているのです。しかし強調しておきたいことなのでありますが、なぜなら、これだけが、神の言葉として、ということだけが答えだからです。その答えは正真正銘の超越を有しており、まさにそれゆえに内在の謎を解く力を持っています。なぜなら問いを排除することによって、答えが

（16） ドイツ語 daß Gott Mensch wird（神が人となられる）の四つの言葉を指している。

存在することは許されないからです。しかしまた単に、問いを強調したり、先鋭化することによっても、またついには、大胆で、きわめて真実味はありますが、私どもの口では交互に変化をさせて、あまりにも誤解の余地のない仕方で明確に、あるいは、二通りに解釈できる、あまりにもあいまいな仕方で、問いそのものが答えなのだと主張することによっても、答えが存在することは許されないからです。いや、答えは、まさに問いであらねばなりません。だから答えは、約束の成就、飢えている者たちが満ち足りること、見えない目と聞こえない耳を開くことでなければなりません。この答えを私どもは与えなければならないのであり、まさにこの答えを私どもは与えることができないのです。――私は三つの道を見ております。その道の上で、私どもはなんとかそれを与えようと試みることができるのですが、この三つの道すべてが、私どもはそれを与えることはできないことを理解して終わります。それは教義的な道、批判的な道、そして弁証法的な道です。そこで注意しなければなりませんのは、これらの区別は、ただ概念的にのみ可能だということです。現実には、ますます真剣さを増している神学者でも、これまで第一か、第二か、あるいは第三の道だけを行くことはしませんでした。三つの道すべてにおいて、ルターに、私どもは出会うことになるでしょう。

第一の道は教義的な道です。ここでは、人間の困窮と問いについて正しく認識しつつ、多かれ少なかれ聖書と教義とに明確に依存しながら、既知のキリスト論的、救済論的、終末論的思考が、人間に対して明らかにされるのです。その思考は、神が人となられる、というひとつの命題から展開させているものです。私ならば、ルターの説教などを思い起こしつつ、自力ではどうしようもないなら、歴史の助けを借り、それが聖書の歴史であるならば、精神生活と敬虔とについて配慮をして、何のために、人は私どもを必要としなかったのか、しかし何について、人は実際のところ、私どもに問うているかということを忘れ、さらに私どもは神学者として神について語らなければならないということも忘れて、後戻りをするようなくらいなら、いぜんとして、この道を行くのがより良いことだと考えるでしょう。正統主義に反対することについては確かに多くのことが思い起こされます。しかし正統主義のうちには、その神学的反対者の多くのうちにおけるよりも、何が余計で不必要なものであり、何が必要なものであるかについての力強い記憶が少なくとも生きているのです。そしてこれこそが確かに、本当に単なる習慣や思考における怠惰などではなくて、正統主義が依然として、いつも宗教的に、教会的に、それどころか政治的にさえ影響を与えている原因なのです。まさに鋤がとにかくあの側により深く差し込まれているということです。さらに述べておかなければなりませんことは、きわめて筋金入りの非正統主義者も所によっては、それもまさに、自分が慣れ親しんだ心理主義から離れて、決定的な告知をすることへと移りたいと望む時には、また、ほとんど意志に反して、敬虔の代わりに神について語ろうとする時においても、教義的な言い回しで終始する以外の他にはまったく仕様がないのです。人を神にするのではなく、神が人となられることが神学の主題であるという、決定的な認識がひとたび得られましたなら、たしかに、この認識がひとりの神学者の中に、ただ偶然にでもひらめいたところでも、聖書と教義との中で批判的分析を行う者の心的な過程としてではなく、まさにこの事実に即したことがらにこの人は本質を見極める力を得ることになるのです。その時、その人には、今、その人がいる、かつては「超自然主義的」なものとして、きわめて疑わしく、好ましくなかった世界が、徐々にではありますが、ほとんど苦労もなく、その人が理解できる、意味あるものとなり始めます。さらにその人は、この考えを、言ってみれば、内から、あるいは後ろから観察して、そう記されねばならないこと、そして違うように記されてはならないことを理解します。それは時には最も遠く離れた片隅にまで及び、この考えについては、その人が夢にも思わないほどであり、そこがなお、その人にとっては慣れ親しんだ場所になり得るのでありまして、その不慣れな空間の中で動くことができる、確かな自由を手に入れるのです。そしてそれはもしかするとついには、あの使徒信条が、たとえば、その硬さすべてにもかかわらず、現代において、息を切らして、それと置き換えようとしているものよりも、単純に、より真実味を持っていて、より深く、より機知に富んだものであることが分かるかもしれません。

しかしもちろんのこと、神につきましては、最も力強く、最も生き生きと理解されている超自然主義によったとしても、人は語ることができないのでありまして、私どももただ、そう喜び望んでいるのだと証しすることができるだけなのです。正統主義の弱点はいわゆる聖書と教義の超自然主義的な内容ではありません。それこそがまさにその強さなのでありまして、正統主義が、そしてまた私どもが、私ども皆も少しばかりは教義学者であるかぎりにおいて、この内容を、それもただ、「神」という言葉だけなのかもしれませんが、具体的に、客観的に、神話的、実用的に、私ども自身と人間とに対しまして、「ほら、さあ、それを信じるのだ！」と向かい合わせに置くことから先に進むことをしない状況にあることこそが弱点なのです。私どものおそらく皆がすでにルターにおいてそのような多くの箇所に出くわしています。それはたとえば私どもが、三位一体の教義に直面して、自分のかぶっている小さな帽子[17]を少し持ち上げて、はい、と言うことが、ここでは必要なのだと、あっさり言われたままになっていることなどであります。そこで私どもは、心から進んで理性という淫らな存在を打ち殺すことを心に覚えるのですが。いずれにしてもそれはうまくはいかず、いったいいくたびかルターなしで、隠し立てをしないで、あるいはことさら密かにそうしてしまったことを、茫然自失して思うことでしょうか。なぜそのようにうまくいかないのでしょうか。なぜなら人間の神に対する問いが答えによってとにかく打ちのめされてしまうからです。もう人間は二度と問いかけるべきではありません。問いの代わりに答えをこそ得るべきであります。しかし人間は人間として問うことをやめることができません。人間自身、人間こそが問いなのです。人間に対する答えとなるべきなら、その答えは人間の性質を受け入れなければならず、それ自身が問いとならなければなりません。それは神について語ることを意味しません。何かを、たとえそれが「神」という言葉であったとしても、さあ、これを信じよ、という要求とともに人間の前に突きつけることも意味しません。その通りなのでありまして、人間は、自分の前にあるただそれだけのものを信じることができません。かしこにはあるが、ここにもあるかもしれない、というものよりも信じることができないのです――自分には啓示されていないもの、自分のもとに

（17）『全集』はルターの「トルガウ宮廷におけるイエス・キリストについての説教」（WA 37, 40, 17ff., 24ff., 44, 41-45, 2）を挙げる。「しかし、たちどころに天より鳴り響く。だから、私は信じるのだ。このお方が、私にお語りになることを。二つが、そう三つの位格すべてが、ただお一人のまことの神であり、二つや三つの神々ではないことを……それは、われわれの頭から生じることではなく、天より啓示された神の言葉であり、ただ、あなたの小さな帽子を取って、それに対して、はい、と言って、済ませてしまうことである」（一六三頁）。

に来るだけの力と成し遂げるほどのものを持っていないものを、人間は信じることができません。単なる神は神ではありません。それはまた何か別ものであるかもしれません。ご自身を啓示される神が神であります。人となられる神が神であります。そして教義学者はこの神について語ることはしないのです。

　第二の道は批判的なものであります。もちろんここではなんといっても、神が人となられることについてのとても分かりやすい、驚くほど分かりやすい説き明かしがなされます。そこでは人間が、神の恵みにあずかるために、人間として死に、あらゆる独自性、自分というもの、自我を放棄して、まったく言葉を発することをせず、まったく理屈抜きに、本当にまっすぐに、ついには、ただひたすら受け取る者となるように勧められるのです。それはおとめマリアのようになることです。自分のもとに天使が訪れた時に彼女は、こう言いました。私は主のはしためです。お言葉どおり、この身に成りますように[18]！　まさに神は、あれだとか、これだとか言うものではなく、物でも、何かの存在でも、相手となる存在でも、第二の存在でもなく、純粋で、質を持たない、すべ[19]てを満たす存在であり、個々の人間の自分という存在だけがその邪魔をするのです。もしいよいよついにそれが消え去るならば、魂のうちの神の誕生へと確かに至るでしょう。神秘主義の道、これもまた本当に注目に値します！　中世の最もすぐれた者たちと共に、若きルターも感激して、しばらく道を共にしたことを、誰が即座に非難することができましょうか。ここでも、とても注目に値しますことは、神について語ることが求められる時には、どんなことがありましても人間の建設を手伝うことが問題なのではなく、そうではなくて、むしろ原則的には人間自身の存在の解体を手伝うことが問題であるという認識、人間は実際には、自分ではないものについて問うているのだという認識であります。ですから私は、観念論としても理解できる神秘主義の道を、批判的な道と呼びます。なぜならここで、人間はさばきのもと、否定の中に身を置いているからであります。なぜならここでは、こんなにも明らかに、

（18）　ルカによる福音書第一章三八節。

（19）　『全集』では原文の“alles”が“Alles”と訂正されている。

人間は人間として、克服されなければならないもの(20)であることが認識されているからです。私どももこの道の途中において、すでにあらゆることがらの影響を受けており、所々ででもこの道を通ることを決してやめることはできません。ルターでさえもそれを完全にはやめることができなかったようにです。自分の文化、あるいは文化の欠如の中にあって、うぬぼれている人間には、自分の倫理や宗教性の中にあって、巨人のように天に向かって背伸びしている人間には、自分は止揚から止揚へと前進しつつ、待つこと、小さくなること、打ち砕かれること、自分は死ななければならないことを学ばなければならないと、何度でも繰り返して告げなければなりません。人間の破局についての、この教えそのものは、ひとかけらの真理でありまして、神秘主義に対する反論としても提起することができるものであり、その報いを免れてぞんざいに扱われるものではあり得ません。この教えの言葉の強みは、教義学の言葉の弱点となっているところにあります。ここでは何かが起きるのです。ここで私どもは告げ知らされるままにはなってはおりません。私どもはどうしても信じなければならないでありましょう。ここで人間は最も厳しい仕方で攻撃を受けていま す。ここで神は精力的に人となられるのですから、言ってみれば、人間についてはまったく何も残されてはいません。もちろんのこと精神生活と敬虔という異教的な儀式よりもこれは、はかりしれないほどずっと自然的なものでもあります。

しかしそれでも人は神について語ることはできません。なぜなら、人間自身を滅ぼしつつあるのに、その人間を満たそうとする者が、今、神であるのですと、人間が身を投じるこの断崖絶壁の深淵が、人間が陥るこの闇が、そのもとに人間が立たねばならないこの否が、このすべてが神であるのですと、神秘主義者たちと私ども皆が、私どもも少しばかり神秘主義者である限りは、彼ら神秘主義者たちと一緒に、なるほどそう主張することを常としているのですが、しかし私どもはそのことを指し示すことはできません。私どもが確信を持ち、私どもが指し示すことができる使信の内容は、常にただ否定にすぎず、人間の否定的な性質でしかありません。そしてもし、私どもが、人間は自身の存在のこの否定的性質から、その人生を充実させるものすべての向こう側にあるこの疑問符から、まさに出

(20) ニーチェの言葉。『ツァラトゥストラはこう語った』より。

、て来るのだと今、考えるのなら、結局のところ私どもは、この批判的な道においては、私どもが人間に対して、この疑問符をどうにかして巨大なものにする以外には何もしていないことが私どもを驚かせるに違いないのです。確かに、人間が私どもに頼ってする、この問いが、たまたまその人の人生の困った状況の中で思い込んでいるものとは、なおまったく異なる徹底的なものであることを、その人に理解させることは、何度繰り返しても良いことでありましょう。人間の文化と文化の欠如とを、創造者と被造物との間の計り知れないへだたり[21]の目をくらませる光の中で描き出し、その人が自分の困窮の中で神に向かって叫ぶ時、その人が本来望んでいるものは何かを、明らかにすることは何度繰り返しても良いことでありましょう。しかし私どもは忘れてはいけません。私どもがその人に勧めることができるいかなる否定（たとえ私どもがその人に自殺を勧めるようなことがあり得たとしましても！）も、あらゆる否定をするということがおおよそ目指している否定ほどには、神の肯定性に直接埋め尽くされる否定ほどには、大きくも、根本的でもないということです。人間の最も鋭い批判によったとしましても、私どもは、問いを問いとしてひどく鋭いものにすることから先へは進むことができません。それはただもう一度だけひとつの場所を示すこと、ただし正しくその場所を示すことを意味するだけです。それは人が人間を問題にする時に、神についてせいぜい話題になり得る場所です。しかしそのことはまだ神について語ることを意味してはいません。それでもまだなのです。キリスト教世界へのルターやキェルケゴールの攻撃でさえもまだなのです！　十字架がそこに立てられてはいますが、復活が告知されてはおらず、それゆえに、そこに立てられているものは、しょせんはキリストの十字架ではなく、何か別の十字架です。キリストの十字架はだいたい、まず私どもによって立てられる必要はありません！　この問いに答えが与えられることはまったくないのです。神がそこで人となられたのではなく、人がそこでまたもや、しかも今、なおのこと人となったのです。そしてそれは救いに満ちた出来事ではありません。なおのこと今や、人間の主体性が、折れた柱のように、みごとに堂々と天に向かってそびえ立って

（21）　キェルケゴールの言葉。バルトもその『ローマ書』序文において、このキェルケゴールの言葉に言及している。

います。ただ神（正統主義があまりにも多くを知りすぎていた、かの客観性において！）が人となられるところ、その満ちあふれるものをもって私どもの空虚さの中に、その然りをもって私どもの否の中に入って来られるところ、そこにおいてのみ、神について語られたのであります。神秘主義者たちは、そして私どもも彼らと共にある限りは、この神については語ってはいないのです。

第三の道は弁証法的な道であります。それはただパウロ的・宗教改革的なものであるからというだけではなく、それが事実すぐれたものであるからでありまして、はるかに最良のものなのです。教義的な道と批判的な道の大いなる真理がここでは前提されているのでありますが、しかしそれが断片的であること、それが相対的に不足のないものであることも認識されています。ここでは、一方では、神についての考えの肯定的な展開が、他方では、人間およびあらゆる人間的なことがらへの批判が、初めから真剣に行われています。しかし今、その両方が無関係になされることは許されず、それら共通の前提に、中心に立ち、肯定と否定との両方に、最初に意義と意味とをお与えになる、生きておられ、自身はもちろん名を呼ばれることがあり得ない真理に、絶えず目を向けながら行われます。神

（まことに本物の神！）が人（まことに本物の人！）となられるということが、そこでは、あの生きておられる方として、本物の「神について語ること」の決定的な内容として等しく捉えられているのです。しかし、この両方の側面の、この生きておられる中心との必然的な関係は、いったいどのように作り出されるというのでしょうか。本物の弁証法論者は、この中心が理解しがたい、具体的ではないものであることを知っており、だから、たとえそれが肯定的なものであろうが否定的なものであろうが、これについてどのように直接的に告げ知らせようとしても、それはこれについて告げ知らせるものではなく、どのようにしても、常に、教義学か、あるいは批判のどちらかであるということを知りつつも、これについて直接的に告げ知らせることは、感情にかられて思わずするようなこともできるかぎりしないのであります。この狭い岩尾根を、人はただ進むことができるだけであり、立ちどまることはできません。さもないと転落してしまいます。右か左にか。しかし確実に転落してしまいます。だから残っているのは、肯定と否定との両方を、双方互いに関係づけるということに、めまいを感じないような人たちではない、すべての人たちにはぞっとするような見せ物だけであります。一瞬たりとも、頑なな然り、あるいは否の立場を取り続けることをせずに、否において然りを、然りにおいて否を明らかにすることに、従って、たとえば、創造における神の栄光については（たとえばローマの信徒への手紙第八章を思い起こしつつ）、神がその本性において私どもの目にとって、まったく隠されていることを最も強く際立たせることの他は語らず、死と無常とについては、まさに死の中にある私どもに向かい来る、まったく別の生の荘厳さを思い起こす他は語らず、値なく人間に与えられた神の似姿については、私どもが知っている人間は堕落した人間であることを、断固として警告する他は語らず、そのみじめさについて私どもは、神の栄光よりもよく知っているが、他方、罪については、それが私どもから赦されることがないようなら、私どもはそれを知ることもないであろうことを指摘する他は語らないことなどです。神が人間を義とされるとは何を意味するのか、それはルターによれば、不敬虔な者の義認（justificatio impii）以外には説明できません。しかしこの不敬虔な者（impius）は、自分がそれであり、他の何者でもないことを知り、聞くことによって、自分が、まさにひとりの義である者（justus）だということを聞くのです。すべての人間のわざの不完全性についての認識が本当に獲得されるならば、それに対する唯一可能な答えは、その人を新たに仕事に取りかからせるものとなります。しかし、もし私どもが当然果たすべきことすべてをし終えたなら、私どもは「私たちは役に立たない僕です」[22]と言うべきです。現在はすべて、ただ永遠の将来、愛する最後の日に目を向けていてこそ生きるに値します。しかし主の将来は、まさに私どもの現在においては、直接、扉の前に迫っているわけではないと、もし私どもが考えるならば、私どもは夢想家です。キリスト者はすべてのものの上にある自由な主でありまして、何ものにも隷属しないのです。キリスト者はすべてのものに仕える僕でありまして、すべての人に隷属します。[23]私はこれ以上続ける必要はありません。気づく人は、そう告げられたところで、どのように意図されているか気づくでありましょう。気づく人は意図されていることに気づくはずであります。それは、答えが問いでありますから、問い

(22) ルカによる福音書第一七章一〇節。
(23) 「キリスト者は……何ものにも隷属しない。キリスト者は……すべての人に隷属する」は、ルターの『キリスト者の自由』の冒頭に記されたふたつの命題。

が答えであるということであります。その人は、自分が、その同じ瞬間に、初めて正しく、そして新たに問うことをするために、自分がよく聞き取ることができるようになった、その答えを喜ぶでありましょう。なぜならその人は、自分が繰り返し問いを持つことをしていなかったなら、まさに答えも得てはいなかったでありましょうから。

傍観者はもちろん、おそらくは「平地の住民」[24]も、唖然として隣りに立っていますが、すべてのことに何も気づかず、ある時は超自然主義だと言って不平を言い、ある時は無神論だと言って不平を言うのです。ある時は昔のマルキオン[25]がその墓穴から出てくるのを見、そしてある時はセバスティアン・フランク[26]です。しかし本当のところはまったく同じというわけではありません。そしてある時は、それどころかシェリングの同一哲学です。ある時は、世界否定に驚いて何が何だか分からなくなり、ある時は、一度も夢にも見せられたことのないような、まさにこの道の上で世界肯定も可能であるということに怒り、ある時は肯定に反対し、ある時は否定に反対し、そしてさらには再び、双方が対立する「相容れない矛盾」に反対します。それに対して弁証法論者は、おそらく「山々の子」でありまして、次のように言う以外に何と答えましょうか。私の友よ、あなたは理解しなければ

なりません。あなたが、もし神について問い、そしてもし今本当に、神について語らなければ

（24）前記の「岩尾根」（一四七頁）のたとえや、当てこすりでもある「平地の住民」、「山々の子」（一五〇頁）などは、スイス出身のバルトらしい言葉遣いである。彼はもちろん、一般の「平地の住民」ではなく、岩尾根で立ち止まらない「山々の子」である。

（25）二世紀に大きな影響力をもったマルキオン主義の創始者。グノーシス的傾向を持ち、パウロに強く傾倒する。正典の概念を初めて打ち出し、独自の聖書正典を作り上げた。初代教会の旧約聖書の解釈を拒否し、新約聖書の神と旧約聖書の神を区別して、キリストを預言されたメシアではなく、見かけのからだを持つ神聖な存在とみなしている。

（26）一六世紀ドイツの神学者、作家、哲学者他、多くの肩書を持つ。ローマ・カトリック教会司祭を務めた後に宗教改革に参加、ルター派教会の説教者となるが、その後は執筆に専念。急進的改革者の立場を取り、教会と世俗の権威を容赦なく批判した。シュトラスブルク、ウルムの両市から追放され、晩年バーゼルにおいて作家兼印刷業者として働き続けた。

ればならないのなら、私に何か他のことを期待してはいけません。私は私にできることをしたのです。それはあなたに、私の肯定も、私の否定も、それが神の真理であると主張してなされるのではなくて、あらゆる然りと否とを超えた中心にある、神の真理についての証言であると主張してなされることに気づかせるためでした。それゆえにまさに私は、否定することなしに決して肯定はしなかったし、肯定することなしに決して否定はしませんでした。なぜならそのふたつとも最終的なものではないからです。もし、あなたが求めている答えの、この最終的なものについての私の証言が、あなたを満足させないなら、私は気の毒に思います。私はまだ十分明らかにそのことについて証言をしていないのかもしれません。つまり、私が然りを否によって、否を然りによって十分力強く止揚して、あらゆる誤解をいぜんとして阻んではおらず、然りと否、否と然りが、何に関わっているかに気づくほかないほどには十分力強くないのかもしれません。しかしまた、私の答えが役に立たないのは、あなたがまだまったく正しく問うてはおらず、神について問うていないことにも起因するのかもしれません。そうでなければ、私どもはお互いに理解し合うに違いありません。そのように弁証法論者は答えることができるのかもしれませんし、そうすることが傍観者に対しては、たぶん、もしかすると正しいことであるのかもしれません。もしかするとそうかもしれませんが、しかしまた、もしかするとそうでもないのかもしれません。もしかすると傍観者に対してさえそうではないのかもしれません！　なぜなら弁証法的な言葉にも固有の弱点があるからです。その弱点が現れるのは、弁証法論者が説得をしたいと望む時であり、自分が話し合っている相手の側における、神についての問いが、すでに自分の意向に添ったものであることを、弁証法論者は頼らざるを得ない、ということにおいてなのです。自分が本当に神について語ったのなら、同時に問いでもある答えを与えたでありましょうし、それならば、頭を振る話し相手を、今はまだ正しい問いをもらってはいないなどと、言われたままにさせておかねばならないような状況は起きなかったでしょう。弁証法論者はむしろ自分自身のことで頭を振った方が良かったのです。自分も明らかに正しい答えをまだ得てはいないのだと、その答えも、話し相手の問いでもあるのだと言ったほうが良かったのです。弁証法論者の言葉はまさに重大な前提に基づいていました。つまり、中心であるそこにある、かの生きておられる、根源的な真理という前提に基づいていました。しかしその人の言葉自体がこの前提を置くということではありませんでした。それが可能でも、許されることでもありませんでした。そうではなくて、可能であり、許されることは、肯定することと否定することでありました。それはもちろんこの前提、この根源と関わっていますが、まずさしあたっては、これについてはそのようであるとの、単なるひとつの主張の形を取っていることにおいてのみ関わっているのであります。一通りにしか解釈できないように右側の主張は聞こえ、一通りにしか解釈できないように左側の主張も聞こえます、しかし二通りに解釈できる、まったく二通りに解釈できますのは、まとめとして行われた主張でありまして、そこでは、左の主張と右の主張とによって、結局は同じことが主張されているのだと言うのであります。人間の言葉が必要不可欠な仕方で、また逃れることのできない仕方で、意味のこもった、証言として力強いものとなることは、どのように起きるのでありましょうか。このことが弁証法的方法の地盤において特に活発に提出される問題であります。なぜならここでは、言葉を意味のこもった、証言として力強いものとするために、できることすべてが尽くされているからです。なぜなら、もし弁証法的な言葉が意味のこもった、証言として力強いものであることが実証されたのなら——プラトン、パウロ、宗教改革者たちの話し相手である、何人かには、このことが実証されたと思われますが——それは弁証法論者がすること、できることに基づいたものではなく、その主張に基づいたものでもないからです。それは実際に疑わしいものであり、憤慨した、そのような技法の傍観者が感づいている以上に疑わしいものです。そうではなくて、その常に一通りにしか解釈できないが、また二通りにも解釈できる主張の中で、生きている真理が中心で、神の真実そのものが自ら主張して、それらがまさに正しい問いと正しい答えの両方であったがゆえに、問題となる問いを創造し、また、求める答えをその人に与えた、ということに基づいているのです。

しかしこの可能性、神について語られるところでは、神ご自身がお語りになるという可能性は、弁証法的な道そのものの上にあるのではなく、そうではなくて、この道も途切れるというところにあるのです。実際に見れば分かりますように、弁証法論者の主張から人は逃れることもできます。弁証法論者そのものが教義学者や批判論者よりも良い状況にあるというわけではないのです。彼らの本来の弱点である、本当に神について語ることにおける彼らの無能、常に何か他のことについて語らねばならない彼らの束縛、そのすべてが弁証法論者においてはそれどころか強められて現れています。まさに弁証法論者はすべてを、生きている真理そのものに目を向けて、すべてを語るのだから、自分が語るすべての中に、この生きている真理がいないということが避けられないことが、ただいっそう痛々しく彼には意識させられるに違いありません。そして、たとえ今、彼が語ったすべてのことを超えて、すべてのものにまず意味と真理とを与えるものが起きたとしても、たとえ今、神ご自身がご自分の話し相手にあのひとつのこと、ご自身の言葉を語ることをされたとしても、その時には、そう、まさにその時には、彼が、弁証法論者自身が悪者にされて、彼はただ、私どもは神について語ることができない、と告白することができるだけなのです。なぜなら神ご自身がお語りになるということは、他の者たち、すなわち、教義学者や批判論者や、もしかすると更にずっと原始的な、神について語る者たちが語ることを超えて起こり得るからです。よりによって弁証法神学が卓越して、この内側からだけ開くことができる門のすぐ前に導くことができるなどとは認めることなどできないのです。もし弁証法神学がひとつの特別な高みを表そうと、少なくとも神がなさることの準備として、などと思い込んでいるのなら、単純で直接的な信仰と謙遜の言葉が、そのために弁証法神学がそれらの逆説性をもってするのと同じ奉仕をすることができるのだということを、弁証法神学には、はっきりと理解してほしいと願います。神の国との関わりにおいて、あらゆる教育学は良くも悪くもあります——天の国に殺到するには、足台でも十分に高いが、最も長い梯子でも短すぎるのです。

そしてこのすべてを今、理解した、これらの道すべての可能性を（私はただ深刻な問題になっていることを挙げただけです）順番に試してみた人が——そしてはっきりと、あるいははっきりしない仕方で、あらゆる神学者はこの理解と経験とを持っているのですが——苦境の中にはいないということがあるでしょうか。

四

私の三番目の命題は次のようです。私どもは神について語らなければならないということ、しかしそれはできないのだということ、その両方をわれわれは知るべきであり、まさにそうすることによって神に栄光を帰するべきであるということです。この命題については多くを説明することはできません。それはただ、ここで終わりだというしるしとしてそこにあることができるにすぎないのでありまして、すべては語られた通りであることを意味しているにすぎないのです。

神の言葉とは必要不可欠であると同時に不可能な神学的課題であります。これこそがこれまで述べてきたことの結果であり、これまで述べてきたことが、私がこのテーマについて言えることのすべてです。この結果に直面し、では次はどうなるのでしょうか。日の当たらない低いところへ帰るのでしょうか。そこでは表向きは神学者であるが、実はまったく別の何かであり、それは他の人たちもなることができるかもしれない何かであって、そのために人々は根本的に私どもを必要としないということになるのでしょうか。たとえ私どもに力づくを行うような能力があったとしても、事実の論理的必然によって私どもは、まさに今、私どもが立っているところへとすぐに連れ戻されるのではないかと私は恐れるのです。あるいは語る務めから交替して沈黙する務めへと移行するのでしょうか。あたかも神の御前で（本当に神の御前で）沈黙することの方が、神について語るよりも容易く、あり得ることでもあるかのように！　なんと軽はずみなことでありましょうか。あるいは神学に別れを告げ、私どもの職務を中途で投げ出して、幸せな他の人たちの中の何かになるのでしょうか。しかし他の人たちも幸せではないのであり、そうでなければ私どもはここにはいなかったことでありましょう。私どもの課題が苦しいのはすべての人間の課題が苦しいことのしるしでしかありません。もし私どもがそうでなかったとしたら、まさに他の神学者たちが同じような状況のもとにあったに違いありません。女性も子供たちから逃げ出すことはできず、靴職人は靴型から逃げ出すことはできません。そして弁証法が子供部屋を損なうことは、弁証法が私どもの神学の書斎を損なうことに引けを取らないのです。神学を放棄することは、自殺することと同じく、あまり意味がないことです。そのようなことをしても何にもならない。まったく何にもならないのです。だから踏みとどまらねばなりません。それ以外には何もないのです。私どもはまさに両方を、私どもの課題が必要不可欠であるとともに不可能であるということを知らねばなりません。それはどういうことでありましょうか。

とにかく私どもは、自分たちが立っているところにそのままにしておかれているのですから、しっかりと、目をそらすことをせずに、私どもに期待されていることに目を向けましょう。そこからどうなるのか、また人が私どもに満足しているかどうかは問題ではありません。私どもが持つ課題を、既に知っている人間生活全体の中に、自然や文化の中に位置づけることができるのは、人間生活全体を、人間生活全体の側の方で、世界の中に、そして神の創造の中に、どのように位置づけることができるだろうかという問いかけが生じている場所においてのみです。この問いかけは人間の側から見れば、常に単なるひとつの問いかけにすぎません。つまり私どもの課題は、ただ位置づけることができないものとしてのみ位置づけることができるのです。そこからもたらされる、私どもの職業に内在する即物的な定言命法[27]の論理は、他のすべての職業にも同じく内在するものですが、私どもの職業にとってはまさにこれが内容となります。たとえば鉄道員もみなそうしなければならないように、私どもはこの定言命法をじっと注視すること以上のことが求められることはあり得ません。しかしそのことが私どもには求められているのです。

　そして同様に厳密に考慮されなければならないことは、私どもの課題は、神については、ただ神ご自身だけが語ることができるのだということです。この神学的課題こそが神の言葉であります。このことは確かにあらゆる神学、あらゆる神学者の敗北を意味しています。ここにおいても、見なければならないものから逃れてはならないこと、もちろん可能ではありますが、さまざまな建徳的な、あるいは建徳的ではない事実の隠蔽やごまかしなどにより左にも右にも目をそらさないことが肝要です。たとえ私どもがルターやカルヴァンであったとしても、そしてどの道を私どもがとったとしても、モーセが約束の地へと入ることができなかったように、私どもが目的地に到達することがほとんどないことを、私どもははっきり認識していなければなりません。確かに私どもはどれかひとつの道を進まなければならず、確かに選ぶかいはあり、最善の道を進まないことにも確かに報いがあります。私どもの道の目的地が神ご自身がお語りになることであることを、確かに私どもは考慮し

（27）「定言命法」（Kategorischer Imperativ）とはイマヌエル・カントの倫理学における道徳的行動の基本原則である。それは「もし……ならば、……せよ」というのではなく、絶対的に、「……せよ」と無条件なものでなければならない。

なければならず、私どもの道の終点のどこであっても、私どもが自分の問題をなおうまくやり遂げていたとしても、そう、それでも口が閉ざされることが一番であることに私どもは驚くべきではないでしょう。

三つのことを私は最後になお語りたいのであります。

一、もうあえてそうするまでもなく、それでも今、あえて望むところを申し上げますなら、この後、誰も私のところに来て、「なるほど、ではいったい私どもは何をすべきなのでしょうか。もし状況がそのようであるなら、教会や大学において起こらなければならないであろうことについて、あなたは今、どのように考えるのですか」などと尋ねないでほしいということです。私は皆さまに、牧師職の改革についても神学の学問的研究の改革についても示す提案などはありません。それが問題などではないのです。もし私どもの状況がそのようであるならば、私どもが何をしなければならないかについて語るべきなのではなく、私どもの状況がここで描かれた通りであると、私どもが認めようとするかどうかについて語るべきであると、私には思われます。これが正しいと認められるなら、もしかすると教会や大学においては、今、行われていることとは、少し違うことが行われるかもしれません。もしかすると行われないかもしれません。あれが正しいと認めることによってのみ、それについての対話が可能となり、有益となります。しかしもう一度言いますが、今はそれが問題ではありません。

二、私どもの苦境は私どもに対する約束でもあります[28]。もし私がそう言うなら、それは他の言葉のようにひとつの弁証法的命題であります。そして私どもは今、その命題が弁証法とどう関わるのかを知っています。そこで誰もが言うことができます。私はただ苦境としてだけ経験することができる約束に感謝します！　と。そして私はその人に言葉を返すことができないのです。しかしまた、私どもの苦境は私どもの約束であると言うのは、ひょっとしたら私だけではないかもしれません。ひょっとしたら然りと否とを超える生きている真理であるかもしれません。私は弁証法的反転によっても意のままにすることはで

（28）　初版には“ist unsre Verheißung”とあるが、後に“ist auch unsre Verheißung”と“auch”（も）が加えられた。

きませんが、それ自身の力と愛により意のままにすることができるかもしれない、神の現実であるかもしれません。私どもの苦境の中に約束が入って来て、御言葉、私どもが決して話すことのない神の言葉が、私どもの弱さと逆さまの状態とを受け入れ、それにより私どもの言葉がその弱さと逆さまの状態のうちにありながら、少なくとも神の言葉を覆うもの、陶器の器となるかもしれません。かもしれませんと、私は言うのですが、もしそうであったとしたなら、私ども皆が困窮の代わりに、声をあげ、力を込めて希望について語ること、私どもの職業の隠された栄光について語る、そのきっかけをここに得るのかもしれません。

三、私の論述の本来の主題について何度か触れてきましたが、一度もはっきりと口にはしませんでした。私の考察すべてが、新約聖書においてイエス・キリストと呼ばれる、あのひとつの点の周りをめぐるようになされたのです。「イエス・キリスト」を語る者は、「かもしれない」と言うことは許されず、である、と言うべきなのです。しかし私どものうちの誰が、「イエス・キリスト」を語ることができるでしょうか。私どもはもしかしたら、イエス・キリストがその最初の証人たちによって語られたことを確信することで満足しなければならないのかもしれません。彼らの証言により約束を信じること、つまり彼らの証言の証人であること、つまり聖書神学者であること、それこそが私どもの課題となるのでありましょう。私の講演は旧約聖書的意図で行われ、また改革派的であります。私はたしかに改革派の人間として――そして私の考えでは、もちろんそうであるばかりではありませんが――ルター派の救いの確信に対するように、ルター派の est〔ラテン語「である」〕[29] に対しては最低の距離を保つ義務があります。神学がプロレゴメナ（Prolegomena）を経てキリスト論へと出て行くことができるか、またそうあるべきなのか。ひょっとしたらプロレゴメナだけですべてが語り尽くされてしまうこともあるかもしれないのです。

(29) 聖餐論において、ルター派は「キリストのからだである（est）」と主張し、改革派（ツヴィングリ派）は「象徴する（significat）」と主張した。

訳者あとがき

ここにご紹介する二つの講演が掲載された著書であるカール・バルトの講演集『神の言葉と神学』がミュンヘンのカイザー社から刊行されたのは、一九二四年である。今から一〇〇年前のことである。いわばそれから一世紀を経たのである。ドイツでは「バルトはすでに古典となった」という言葉を何度も聞いた。その時に意味したひとつのことは、大学神学部における博士論文の題材にバルト神学が多く取り上げられるようになったということである。実際に日本からの留学生でもバルトを取り上げて学位を得た人も多い。しかし、それだけではなく、バルトがルターやカルヴァンと肩を並べる必読の神学者となったということであろう。忘れられてよいひとではないのである。

今から一世紀前と言えば、ふたつの大戦の狭間と言ってよい時期であり、当時のヨーロッパは政治的にも社会的にも精神的にも危機を孕み大きな転換期であった。そこにローマの信徒への手紙の講解を発表して世界に、そして何よりもドイツ語圏のプロテスタント神学界に一大衝撃を与えたのが若きバルトである。

この書物に掲載されている諸講演は、そのバルトが牧師から大学教授に転換し、あの巨大な神学を展開するようになる直前であった。そこで多くの人々の要望に応えてバルトが試みた諸講演を内容とするのがこの書物であった。本書の評価はさまざまであろう。ここにこれ以後のバルトの神学のすべてがあると見るひともあるし、若きバルトが語る言葉とその後の神学を展開するバルトの言葉との間に大きな差異を読み取るひともあろう。これらの諸講演はそのような変化の途上にあったと見るひともあるのである。しかし、いずれにせよ、この時代の諸講演が持つ意味は大きい。

私がこの著書に出会ったのはいつであったか、もう記憶にはない。しかし、いずれにせよ、すでに説教者となり説教を巡る神学的な探求を始めていたときである。すっかり読み古した本書の一冊を、ドイツの古書店で買い求めて読み始めた時の興奮は、今でも忘れ難い。確かに読みにくいドイツ語であったが、バルトがその存在を賭けたように、その当時のヨーロッパの文化と教会の危機的状況と真正面から向き合い、特に神の言葉を語る説教者、神学者としての自己の有り様を問いつめているその言葉は、今もわれわれのこころを打つ。

「まえがき」にも触れたように、私はこれらのバルトの言葉は今日においても、いや今日においてこそ読まれるべき必読の言葉であると信じている。牧師の子息であったカール・バルトが当然のように神学者としての道を歩き始めながら、自分が神学者であることに当惑し、自分とはいったい何者かとその存在を賭けて問うている。第二の講演のなかで神の言葉は語られるべきであるが、それはわれわれには不可能だと断言する。ひとつの言い方をすれば、バルトはその生涯を通じて、ここに掲げた神学の課題を問い続けたと言うことができる。そして、その課題は私ども自身の課題なのである。

今、日本に生きる私どもの教会は改めてこの課題を問い直す時が来ている。すでに古典となっているバルトの神学を、改めて読み直すべき時が来ていると私は思う。そのときに、バルトはどこから出発し、どこへ行こうとしたのか改めて確かめることは、私どもの歩みを整えるうえでも、どうしても通らなければならないひとつの道筋であろう。

『神の言葉と神学』のなかに収められている諸講演のうち、ここに提供する二つの講演は特に大切な問題提起の講演であり、将来の指針ともなるべき講演であると考えている。すでに発表されている翻訳と比べてわれわれの訳文がどれだけ読みやすくなっているかこころもとないが、改めて新しい思いで読んでいただければと思う。

私が関わる説教塾の共同の学びのために提供したこの二つの訳文が、教文館社長渡部満さんのご厚意によりさらに広い読者を求めて刊行されることに至ったことに感謝している。特に教文館出版部の髙木誠一さんにお世話になった。いつものことながらこころから感謝する。この刊行を背後から応援してくれている説教塾の仲間たちにもこころからお礼を申し上げる。

加藤常昭

《訳者紹介》

加藤常昭（かとう・つねあき）

1929年、ハルピンに生まれる。東京大学文学部哲学科卒業、東京神学大学大学院修士課程修了。1986年まで東京神学大学教授（実践神学）。1986/87年、ハイデルベルク大学客員教授。1995/97年、国際説教学会会長。1997年まで日本基督教団鎌倉雪ノ下教会牧師。現在、説教塾主宰、日本基督教団隠退教師。

著書　『信仰への道』、『祈りへの道』、『教会に生きる祈り』、『ハイデルベルク信仰問答講話』、『教会生活の手引き』、『改訂新版　雪ノ下カテキズム』、『黙想　十字架上の七つの言葉』、『加藤常昭信仰講話』（全7巻）、『加藤常昭説教全集』（全37巻）、『愛の手紙・説教』、『出来事の言葉・説教』、『説教批判・説教分析』、『竹森満佐一の説教』など多数。

訳書　R. ボーレン『神が美しくなられるために』『預言者・牧会者　エードゥアルト・トゥルンアイゼン』、Chr. メラー『慰めの共同体・教会』『慰めのほとりの教会』、F. G. イミンク『信仰論』、F. シュライアマハー『神学通論』、『説教黙想集成』（全3巻）、『ドイツ告白教会の説教』など多数。

楠原博行（くすはら・ひろゆき）

1963年、大阪府に生まれる。早稲田大学、東京工業大学大学院で学ぶ。1994年東京神学大学博士課程前期課程修了（旧約聖書神学専攻）。ドイツ、エルランゲン＝ニュルンベルク大学、バイエルン州福音主義ルター派教会立アウグスタナ神学大学留学（神学博士）。現在、日本基督教団浦賀教会牧師、明治学院大学講師。

著書　『キリスト者は何を信じているのか――ハイデルベルク信仰問答入門』。

訳書　ドイツ福音主義教会常議員会『聖餐――福音主義教会における聖餐の理解と実践のための指針』。

説教と神の言葉の神学

2024年3月30日　初版発行

訳　者　加藤常昭／楠原博行

発行者　渡部　満

発行所　株式会社　教文館

〒104-0061 東京都中央区銀座4-5-1 電話 03(3561)5549 FAX 03(5250)5107
URL　http://www.kyobunkwan.co.jp/publishing/

印刷所　モリモト印刷株式会社

配給元　日キ販　〒162-0814　東京都新宿区新小川町9-1
電話 03(3260)5670　FAX 03(3260)5637

ISBN978-4-7642-6469-4　　Printed in Japan